직장인을
위한
챗GPT

직장인을 위한 챗GPT

업무 스킬업부터 자기 계발까지! 694개 ChatGPT 파워 프롬프트 가이드

초판 1쇄 발행 2023년 5월 12일
초판 2쇄 발행 2023년 8월 17일

지은이 이안 클레이턴 / **옮긴이** 김상규 / **펴낸이** 김태헌
펴낸곳 한빛미디어(주) / **주소** 서울시 서대문구 연희로2길 62 한빛미디어(주) IT출판2부
전화 02-325-5544 / **팩스** 02-336-7124
등록 1999년 6월 24일 제25100-2017-000058호 / **ISBN** 979-11-6921-104-8 93000

총괄 송경석 / **책임편집** 박민아 / **기획·편집** 이채윤
디자인 표지 이아란 내지 박정화 / **전산편집** 이소연
영업 김형진, 장경환, 조유미 / **마케팅** 박상용, 한종진, 이행은, 김선아, 고광일, 성화정, 김한솔 / **제작** 박성우, 김정우

이 책에 대한 의견이나 오탈자 및 잘못된 내용에 대한 수정 정보는 한빛미디어(주)의 홈페이지나 아래 이메일로
알려주십시오. 잘못된 책은 구입하신 서점에서 교환해드립니다. 책값은 뒤표지에 표시되어 있습니다.

한빛미디어 홈페이지 www.hanbit.co.kr / **이메일** ask@hanbit.co.kr

지금 하지 않으면 할 수 없는 일이 있습니다.
책으로 펴내고 싶은 아이디어나 원고를 메일(writer@hanbit.co.kr)로 보내주세요.
한빛미디어(주)는 여러분의 소중한 경험과 지식을 기다리고 있습니다.

직장인을 위한
위한
챗GPT

이안 클레이턴 지음
김상규 옮김

ⅠⅠB 한빛미디어
Hanbit Media, Inc.

챗GPT와 같은 대형 언어 모델^{large language model}(LLM)의 가장 큰 특징은 '느닷없이 나타나는 능력^{emergent ability}'입니다. 대형 언어 모델은 일정한 크기를 넘어서면 갑자기 훌륭한 언어 능력과 추론 능력을 보여줍니다. 사전 학습 없이 질문이나 몇 가지 예제만 가지고도 전문 분야의 답을 곧잘 내놓는 맥락 학습^{in-context learning}(ICL)도 그중 하나입니다. 따라서 AI에게 제대로 질문하는 방법, 즉 '프롬프트 엔지니어링'의 중요성이 커지고 있습니다. 질문을 어떻게 하는가에 따라 챗GPT의 답변은 천차만별로 달라집니다. '차근차근 생각하자', '네가 공학자라고 가정하고', '~를 중요한 순서대로 7가지 나열해줘'와 같은 것이 바로 정확한 답변을 주는 마법 같은 질문입니다. 이 책은 분야별로 이런 훌륭한 질문을 하는 방법을 담은 매뉴얼입니다. 아주 적절한 책이 알맞은 때에 나왔습니다!

한빛미디어 이사회 의장 겸 『눈 떠보니 선진국』(한빛비즈, 2021) 저자 박태웅

스타트업 업계는 항상 리소스가 부족합니다. 스타트업에서는 대표와 직원들 모두가 일인다역을 할 수밖에 없습니다. 특히나 스타트업 대표라면 경영, 회계, 인사관리, 실무까지 모든 곳에 신경을 쓰는 슈퍼맨이 되어야 합니다. 스타트업 투자자들도 마찬가지입니다. 항상 시간에 쫓겨 다양한 산업 분야의 수많은 스타트업을 검토하고 투자를 집행하며 스타트업의 대표에게 힘이 되는 조언을 해줍니다. 이런 어려운 환경에서 챗GPT는 산업 분야를 분석하고 아이디어를 도출하여 체계적인 비즈니스 모델 구축부터 인사 관리, 마케팅에 이르기까지 다방면에 상당한 도움을 줍니다. 이 책은 바로 그 챗GPT의 힘을 최대한 활용하여 업무 효율성을 극대화하려는 스타트업과 투자자, 그리고 바쁜 현대 직장인에게 친절한 가이드가 되어줄 것입니다.

글로벌 액셀러레이터 와이앤아처 대표이사 겸
한국액셀러레이터협회 회장 및 한국벤처창업학회 회장 신진오

4

현대 기업에서 AI 기술의 활용은 더 이상 선택이 아닌 필수입니다. 이 책은 챗GPT가 혁신의 물결을 일으키는 이 시점에 '마케터를 비롯한 문과 출신에게 딱 맞는 챗GPT 실습서'라고 할 수 있습니다. 이미 뷰티/패션 업계에서도 AI의 도입을 통해 더 효율적이고 창의적인 솔루션을 찾는 데 집중하고 있습니다. 저 또한 마케팅/세일즈와 기술이 융합된 비전을 제시하는 CDMO로서, 고객과 대면하면서 브랜드를 대표하는 마케터를 비롯한 문과 출신들이 이런 멋진 기술을 어떻게 잘 활용하게 만들까를 늘 고민하고 있습니다. 엔지니어에게 맡기는 대신, 이 책을 통해 직접 챗GPT를 자신의 상황에 맞도록 최적화하여 업무 효율을 극대화하고 생산성을 향상시키는 방법을 터득할 수 있어 IT 비전공자들의 숨통을 틔워줄 것입니다.

로레알코리아 CDMO 이선영

챗GPT와 같은 생성 AI는 패션 업계 전반에 걸쳐 게임 체인저가 될 가능성이 높습니다. 상품 기획자가 챗GPT로 생성한 프롬프트를 통해 미드저니Midjourney나 Stable Diffusion 같은 이미지 생성 AI로 수많은 디자인 초안을 생성하고 현실적인 가상 모델 등 새로운 미디어 형식을 만들어내는 것은 너무나 매력적이고 혁신적인 일입니다. 아직 초기 단계이지만, 패션 업계에서 생성 AI의 활용 사례들은 이미 나타나고 있습니다. 생성 AI 중에서도 챗GPT는 백본이며, 마치 영화 〈아이언맨〉에 등장한 AI '자비스'라고 볼 수 있습니다. 이 책은 챗GPT를 제대로 사용하기 위한 프롬프트 엔지니어링을 산업 분야별 예시 프롬프트를 통해 친절하게 설명합니다. 패션 업계를 비롯한 다양한 분야에서 챗GPT를 자비스로 만들고 싶은 아이언맨들에게 이 책을 추천합니다.

브랜드유니버스 이제경 VP

▶▶ 추천사

마케팅 업계, 특히 디지털 마케팅의 영역은 매번 새로운 트렌드가 생겨나며 급변하고 있습니다. 이런 잦은 변화 속에서도 변하지 않는 점은 마케터가 고객을 이해하고 고객과 브랜드를 잇는 '커뮤니케이터'의 역할을 해야 한다는 점입니다. 이제는 챗GPT의 등장으로 상상도 못 할 만큼의 방대한 자료와 지식을 통해 고객에 대한 인사이트뿐만 아니라 이에 맞춘 전략, 슬로건, 광고 카피 등 다양한 아이디어까지도 손쉽게 얻을 수 있습니다. 이 책을 통해 마케터들은 챗GPT와 효율적으로 커뮤니케이션하여 최적의 결과를 끌어내고, AI 시대에 걸맞은 커뮤니케이터로서의 역량을 키울 수 있을 것입니다.

제일기획 신규승 프로

▶▶ 책임 면책 조항

- 이 책에 담긴 정보는 일반적인 정보 제공 목적으로만 사용됩니다. 저자와 출판사는 이 책 또는 이 책에 포함된 정보, 제품, 서비스, 관련 그래픽 등에 대해 완결성, 정확성, 신뢰성, 적합성, 가용성을 보장하지 않습니다. 따라서 이러한 정보에 의존하는 것은 전적으로 본인의 책임입니다.

- 이 책의 사용과 관련하여 발생한 손실이나 피해에 대해 저자나 출판사는 책임지지 않습니다.

- 이 책에 포함된 정보의 정확성을 확보하기 위해 노력했지만, 정보는 변경될 수 있으며 저자와 출판사는 해당 정보의 정확성, 완결성, 신뢰성을 보장할 수 없습니다. 이 책에서 표현된 의견은 저자의 것이며, 반드시 출판사의 견해를 반영하지는 않습니다.

- 이 책은 전문적인 조언을 대체할 수 없으며, 언제나 자격을 지닌 전문가에게 조언을 구해야 합니다.

- 이 책의 저자와 출판사는 이 책에 포함된 정보로 인해 발생한 오류나 누락에 대해 책임지지 않으며, 이에 따라 직접적 또는 간접적으로 발생한 손실이나 피해에 대해 어떠한 책임도 지지 않습니다.

▶▶ 옮긴이의 말

어릴 적부터 컴퓨터에 푹 빠져 프로그래밍을 배웠던 저에게 챗GPT는 특별한 의미가 있습니다. 저는 컴퓨터와 상호 작용하기 위해 어렵게 프로그래밍 언어를 배워야 했지만 이제는 챗GPT를 통해 컴퓨터와 인간이 '인간의 언어'로 대화를 나누고 있습니다!

1950년대 앨런 튜링 Alan Turing 으로부터 시작된 인공지능 artificial intelligence (AI)의 역사는 오래되었지만, 지난 6개월은 AI의 특이점이라고 할 만큼 급격한 변화를 겪었습니다. Open AI가 2022년 11월 챗GPT라는 대화형 AI 서비스를 공개하면서 세상에 큰 충격을 주었으며, 구글은 바드 Bard 라는 서비스를 2023년 2월 공개하였고, 페이스북 역시 라마 LLaMA 라는 언어 모델을 공개하였습니다.

지난 2023년 1월 대화형 AI의 선두 주자인 챗GPT의 월 사용자 수가 1억 명을 돌파했습니다. 이는 최근 MZ세대에게 선풍적인 인기를 끌고 있는 틱톡보다 빠르게 증가한 것이며, 인터넷이 등장한 이후 20년 동안 이렇게 빠른 증가율은 처음이라고 합니다.

이 책에서 다루지는 않지만 생성 AI generative AI 는 거의 모든 분야에서 전방위적으로 세상을 바꾸고 있습니다. 챗GPT를 비롯한 대화형 AI, 이미지를 생성하는 AI, 비디오를 생성하는 AI, 작곡하는 AI 등 이제 AI로 할 수 없는 것이 무엇일까 싶을 정도로 서비스가 쏟아져 나오고 있습니다.

저는 챗GPT를 비롯한 생성 AI가 아이폰의 등장만큼 큰 충격을 주리라 생각합니다. 저 역시 빠르게 링크브릭스 임직원들과 함께 GPT 등 생성 AI를 최적화하고자 프롬프트 엔지니어링, 파인튜닝 fine-tuning, 임베딩 embedding 을 통해 기업에 맞춤형 서비스를 제공하고 있으며, 이미지 생성 AI 서비스도 준비 중입니다. 조만간 기술적인 내용도 여러분과 함께 나누고 싶습니다.

하지만 이 책은 저희 임직원 같은 기술자를 위한 책이 아닙니다. 가까운 지인이 검색 창처럼 챗GPT를 사용하는 모습을 보고, 누구나 쉽게 챗GPT를 사용해보고 그 능력을 실감할 수 있는 실용적인 가이드가 필요하다고 느꼈습니다. 이 책은 많은 분야에서 생산성을 극대화하고 싶은 직장인, AI가 당연한 미래를 살아갈 아이들을 위한 AI의 미래 체험 안내서입니다.

감히 저는 이 시기를 기점으로 생성 AI가 자연스러운 시대가 올 것임을 확신합니다. 이 책은 그 시대를 위한 첫 번째 실용 가이드입니다. 각 분야에서 챗GPT를 본격적으로 사용해보면서 곧 다가올 AI와 함께하는 미래를 상상하고, 그 시대를 살아갈 '나'에 대한 고민의 시작점이 되어줄 것입니다.

이 책은 순서대로 읽을 필요가 없습니다. 직장인이라면 서두의 프롬프트 엔지니어링에 관한 설명을 참고해 바로 자신의 산업 분야 부분으로 넘어가도 되며, 학생이라면 자기 계발, 창의적 글쓰기 부분으로 시작하는 것도 좋습니다.

마지막으로, 이 책을 옮기는 동안 물심양면으로 응원하고 도와준 사랑하는 아내 '현수', 시간을 쪼개 책에 대한 의견을 준 사랑하는 딸 '주연', 항상 응원해주시는 부모님, 그리고 오늘도 AI 시대의 최전선에서 함께 진격하고 있는 링크브릭스 임직원 여러분께 깊은 감사를 드립니다. 이 책을 통해 AI의 놀라운 능력을 경험하는 사람들이 많아지길 바라며, AI가 인간을 향하여 발전하길 기원합니다.

김상규

▶▶ 감사의 말

저자들이 책을 시작할 때 감사의 말을 전하는 것이 관례인 것은 알고 있지만, 저에게 이것은 단순한 형식 이상의 의미가 있습니다. 이 책은 제 아내인 데린Delynn에게 바치는 헌사입니다. 그녀의 지지와 인내가 없었다면 이 책을 완성할 수 없었을 것입니다. 글을 쓰는 긴 과정 동안 그녀는 초안을 읽고, 귀를 기울이고, 격려의 말을 건네고, 제가 지닌 가치와 단점을 일깨워 주었습니다.

또한 이 책을 만드는 데 도움을 준 사람들을 되돌아본 시간이기도 합니다. 아마도 대부분 누구의 이야기인지 알고 있을 것입니다. 이 책의 주제와 같은 내용으로 책을 쓴 분들의 노력에 감사드립니다. 그 책들은 여러모로 영감이 되었습니다.

마지막으로 우리의 사랑스러운 강아지 조이Zoey에게 고마움을 전하지 않을 수 없습니다. 19살이 넘은 조이는 노령을 맞이했습니다. 조이는 항상 변함이 없었습니다. 10파운드도 되지 않는 순수 혈통 비숑 프리제Bichon Frise인 조이는 항상 제 곁을 지켜주었습니다. 밤 10시가 되어 조이가 잠자리에 들 땐 제가 필요하지만요.

강아지들은 특별한 존재이며 가족입니다. 책을 쓰느라 조이와 산책을 하지 못할 때마다 죄책감을 느꼈지만, 조이는 한 번도 불평하지 않았습니다. 이런 생각이 드네요. OpenAI가 사람의 말을 강아지 말로 번역하거나 그 반대의 상황이 가능한 시대는 언제 올까요? 저와 조이 그리고 우리 모두 기다리고 있습니다!

이 책이 챗GPT에 관심 있는 분들에게 의미 있는 안내서가 되길 바랍니다. 여러분과 직접 만나기는 어렵겠지만 메타버스나 온라인으로 만날 수도 있겠네요! 여러분과 만나게 되길 기대합니다.

즐겁게 읽어주세요.

이안 클레이턴

▶▶ 컴퓨터, 브리지

서문을 쓰고 있는 지금, 필자는 이 책이 나오는 것을 가능하게 한 기술로 인해 흥분을 감추지 못하고 있습니다. 2022년 11월 말, OpenAI의 챗GPT 자연어 처리 모델에 관한 소문이 번지기 시작했고, 단 며칠 만에 이 모델은 기술 세계에서 가장 뜨거운 화두가 되었습니다. 전 세계 신문과 채팅창은 챗GPT가 얼마나 강력한지와 얼마나 위험할 수 있는지에 대한 이야기로 가득 찼습니다.

챗GPT는 필자에게 정말 놀라운 것입니다. 챗GPT를 통해 우리는 인공지능의 미래를 엿볼 수 있습니다. 이는 〈스타트렉 Star Trek〉[1]에서 캡틴 커크 Kirk가 터보 리프트 turbolift[2]에 들어가며 간단하게 '브리지 bridge'라고 우주선의 컴퓨터에 명령하는 것처럼 공상 과학 소설의 한 장면에 들어간 듯한 느낌을 줍니다.

이제 우리에게는 처음으로 인간의 자연어를 이해하고 응답할 수 있는 도구, 즉 디지털 동반자가 생겼습니다(텍스트 형태지만 음성 인식도 빠르게 따라올 것입니다). 이는 이전에 불가능하다고 여겨졌던 방식으로 컴퓨터와 상호 작용할 수 있다는 것을 의미합니다. 이로 인해 지능형 자동화와 AI 분야에 큰 변화가 생길 것이며, 우리가 일하고, 놀고, 대화하는 방식이 달라질 것입니다.

하지만 단순히 이러한 기능 때문에 챗GPT에 관심이 있는 것은 아닙니다. 이 기술이 미래에 가져올 변화 때문이죠. 챗GPT를 계속 개발하고 개선해 나간다면 우리는 **일상 업무를 도와줄 AI 비서, 우리의 요구를 이해하고 응답할 수 있는 챗봇, 심지어는 외로울 때 말벗이 되어줄 수 있는 디지털 친구**를 만들 수 있게 될 것입니다.

필자는 이 밝은 미래의 일부가 될 수 있어 기쁩니다. 이 책은 이 분야에 대한 필자 나름의 공헌이며, 이 책을 통해 많은 사람들이 챗GPT로 무엇을 할 수 있는지 더 많이

---

1 옮긴이_미래의 우주 탐험과 인류의 발전을 그린 미국의 SF TV 시리즈입니다.
2 옮긴이_고속 수직 운송 시스템으로, 스타트렉 우주선 내부에서 빠르게 이동하기 위해 쓰입니다.

배우고 가능성의 한계를 뛰어넘기를 바랍니다. 또한 우리가 배우면 챗GPT도 함께 배우게 되는 선순환 효과를 기대합니다.

필자는 『Guide to the Universal Service Management Body of Knowledge』(Service Management 101, 2008)에서 '성공적인 기술을 어떻게 알 수 있는가?' 라는 질문에 'IT가 보이지 않는 기술invisible technology이 되는 순간'이라고 답한 바 있습니다. 즉, **기술이 우리 삶의 자연스러운 일부가 될 때** 성공적인 기술이라 할 수 있습니다. 에어컨의 온도 조절기나 셀프 계산대의 스캐너처럼 말이죠.

챗GPT로 인해 이 목표에 한 걸음 더 가까워졌습니다. 오늘날의 '스마트 홈'은 우리가 내린 모든 명령을 이해하고 실행할 수 있을 만큼 더 똑똑해질 것입니다.

포드 모델 T의 사용자 경험은 테슬라와 비교했을 때 어느덧 구식으로 느껴집니다. 같은 맥락으로 스마트폰, 알렉사Alexa 같은 스피커 시스템과 구글, 빙Bing 같은 웹 사이트들은 새로운 환경에 적응하지 않으면 사라지게 될 것입니다.

지금 이 시기는 매우 흥미로운 시점입니다. 필자가 지금까지 챗GPT와 상호 작용한 경험과 그로부터 배운 것을 여러분과 공유할 수 있게 되어 기쁩니다.

이제 앞으로 몇 달 동안 우리에게 재미있는 여정이 펼쳐질 것입니다. 필자는 이 여정이 우리를 어디로 이끌지 무척이나 기대됩니다.

이제 마법 같은 챗GPT의 세계를 들여다봅시다. 챗GPT가 무엇을 할 수 있는지 그리고 우리를 어디로 데려가 줄 수 있을지 함께 살펴봅시다.

▶▶ 이 책에 대하여

『직장인을 위한 챗GPT』에 오신 것을 환영합니다! 이 책은 정보를 수집하고, 새로운 아이디어를 생성하고, 영감을 얻고, 해결책을 찾기 위해 챗GPT와 대화하는 방법을 배울 수 있는 종합 안내서입니다.

챗GPT는 OpenAI에서 개발한 혁신적인 자연어 처리 모델로, 사람들이 대화를 나누는 것을 흉내내는 방식으로 사람의 언어를 이해하고 응답할 수 있습니다.

이 책은 **개인적 또는 직업적 발전을 목표로 챗GPT를 사용하는 방법**을 배우려는 초보자를 위해 쓰였습니다. 따라서 이해하기 쉽고 읽기 쉽습니다. 또한 배운 내용을 적용해볼 수 있도록 다양한 예제로 구성했습니다. 챗GPT의 기술적인 면으로 깊게 들어가기보다는 '어떻게 효율적으로 프롬프트를 설계할 것인가'에 초점을 맞추었습니다.

챗GPT는 컴퓨터, 인터넷과 상호 작용하는 방식을 혁신할 수 있는 잠재력을 가지고 있습니다. 이 책을 통해 챗GPT가 어떻게 여러분에게 이점을 가져다줄 수 있는지 배우게 될 것입니다.

그리고 필요한 답변을 얻기 위해 올바른 질문을 하는 방법, 일정을 계획하거나 취미를 찾는 등 일상생활에 도움이 될 수 있는 챗GPT 사용 방법도 배울 수 있습니다.

따라서 이 책은 챗GPT라는 강력한 기술을 이해하고 사용하려는 사람들에게 최고의 안내서입니다. 사업가, 학생, 새로운 아이디어와 영감을 찾는 사람들이 챗GPT를 활용하여 다음 단계의 삶으로 도약할 수 있도록 도와줄 것입니다.

챗GPT의 가능성을 탐험할 준비가 되었나요?

시작해봅시다!

▶▶ 이 책의 구성

먼저 이 책이 어떻게 구성되어 있는지 살펴봅시다. 이 책의 주요 장은 **비즈니스 관점** business perspective 으로 기술되어 있습니다. 여기에서는 산업 분야별 핵심 문제, 주요 역할 및 문제 해결 방법에 관한 정보를 찾을 수 있습니다.

일부 장은 **개인적 관점** personal perspective 에서 다양한 주제를 다룹니다. 자기 계발, 창의적 글쓰기, 작업 관리, 참조 모델, 방법론, 인터프리터 등 프롬프트 구축에 도움이 되는 정보가 제공됩니다.

후반부에서는 **일반적 관점** common perspective 에서 문제를 다루고, 모든 관점에 대한 프롬프트 활용 전략을 안내합니다. 여기에서는 '페르소나' 또는 '롤플레이 role-play' (역할 수행)를 사용하고, 콘텐츠 및 아이디어를 분석하거나 개선하는 방법, 과거 사례나 제한 요소를 고려하는 방법을 다룹니다.

또한 목록 탐색, 단계별 지침, 모델의 응답 개선, 상반되는 입장을 제시하는 것 그리고 챗GPT가 사용자에게 질문하는 '역할 전환 role reversal' 에 관한 내용도 포함되어 있습니다.

주제의 순서는 이해하기 쉽게 점진적인 방식으로 배치했으며, 어떤 관심 분야든 빠르게 필요한 정보를 찾을 수 있도록 구성했습니다.

프롬프트를 자유롭게 조합해보기 전에, 무엇이 좋은 프롬프트인지 먼저 알아봅시다.

▶▶ 카베아트 엠프토르 ^{caveat emptor}

챗GPT 사용에 도움이 되는 책(또는 전자책)을 구입하는 것이 처음이 아닌 사람이 있을 것입니다. 필자도 여러분과 마찬가지로 적정 가격의 책을 여러 권 구매했는데, 독점적인 프롬프트를 제공한다던 책들도 웹상에서 무료로 쉽게 구할 수 있는 정보를 나열하는 데 그치는 경우가 많았습니다.

필자는 챗GPT 경험을 향상시킬 수 있는 독특하고 창의적인 것을 원했습니다. 그래서 필자와 같은 사람들을 위해 가치 있는 것을 만들기로 했습니다.

이 책을 만들면서 무료 리소스들을 필자가 직접 만든 것처럼 표현하는 것은 의도적으로 피했습니다. 대신 챗GPT를 직접 사용하며 사용자로서 얻은 경험과 인사이트를 바탕으로 나름대로 프롬프트를 정교하게 조사하고 수집했습니다.

그 결과, 이 책에는 챗GPT 경험을 더욱 풍부하게 만들 독특하고 창의적인 프롬프트가 가득합니다. 물론 인터넷에도 프롬프트에 관한 정보와 영감을 얻을 수 있는 무료 리소스가 가득하니 참고하세요.

여러분의 시작을 돕기 위해 웹에서 무료 프롬프트를 찾을 수 있는 최고의 '무료 참고자료^{free stuff}' 목록을 작성했습니다. 이 목록은 이 책의 뒷부분 〈부록〉에서 살펴볼 수 있습니다. 무료 프롬프트(주로 '역할 수행' 관련) 예시가 있으므로 여러분이 구매를 고려하고 있는 다른 책과 비교해보기 바랍니다.

'카베아트 엠프토르'³라는 말처럼 신중하게 구매해야^{buyer beware} 합니다.

---

3 옮긴이_구매 시 '구매자가 신중해야 한다'는 의미의 유명한 라틴어 격언입니다.

▶▶ 목차

1부 챗GPT 프롬프트의 세계

1장 프롬프트 공식과 프롬프트 템플릿

2장 페르소나, 역할, 활동, 방법

3장 역할 맞춤형 프롬프트

4장 목록 프롬프트

5장 단계별 프롬프트

2부 산업별 프롬프트

6장 산업 분야

▶▶ 목차

7장 기술 및 IT

8장 제품 및 서비스 관리

9장 영업 및 마케팅

10장 인사 관리

11장 고객 서비스

12장 헬스케어 및 의료

▶▶ 목차

13장 금융 및 은행

14장 리테일 및 이커머스

15장 제조 및 생산

16장 에너지 및 설비

17장 운송 및 물류

18장 건축 및 건설 엔지니어링

▶▶ 목차

19장 교육 및 훈련

20장 농업 및 식품 생산

21장 숙박 및 관광

22장 부동산 및 자산 관리

23장 통신

24장 미디어 및 엔터테인먼트

▶▶ 목차

25장 제약 및 생명공학

26장 환경 및 재생 에너지

27장 자동차 및 운송 장비

28장 시설 관리

29장 수상 운송 및 해양

30장 전문 서비스 – 컨설팅, 법률, 회계

▶▶ 목차

31장 정부 및 공공 서비스

32장 비영리 단체 및 사회적 기업

3부 자기 계발을 위한 프롬프트

33장 자기 계발

34장 창의적 글쓰기

35장 콘텐츠 유형에 따른 글쓰기

▶▶ 목차

36장 직장인의 워라밸을 위한 프롬프트

4부 프롬프트 활용 전략

37장 참조 모델, 방법론, 인터프리터를 활용한 프롬프트

38장 기존 콘텐츠 분석 및 개선

39장 역할 전환

40장 챗GPT와 함께 한 걸음 더 나아가기

부록 무료 참고 자료 및 프롬프트

챗GPT
프롬프트의 세계

프롬프트 공식과
프롬프트 템플릿

챗GPT 사용 방법을 더 자세히 알아보기 전에 몇 가지 핵심 개념을 이해해야 합니다. 가정 먼저 알아볼 것은 '프롬프트 prompt'라는 개념입니다.

프롬프트란 무엇인가요?

프롬프트는 간단히 말해 챗GPT와 대화를 시작하기 위해 사용자가 제공하는 텍스트입니다. 프롬프트는 질문, 진술 또는 시나리오일 수 있으며, 챗GPT 응답의 방향을 결정하는 이정표 역할을 합니다.

챗GPT가 무엇인지 알고 싶다면 '챗GPT란 무엇인가요?'라는 프롬프트를 모델[4]에게 질문하면 됩니다. 모델은 이 프롬프트를 사용해 훈련을 기반으로 한 응답을 생성합니다.

보다시피 프롬프트는 챗GPT의 대화를 안내하는 중요한 역할을 합니다. 그러므로 이 개념을 이해하는 것은 챗GPT를 최대한 활용하기 위한 첫걸음입니다.

중요한 점은 챗GPT 모델이 사용자가 원하는 만큼의 세부 사항과 단어를 사용해 응답한다는 것입니다. 따라서 모델의 응답이 상당히 길어질 수 있으며, 때로는 주제에 맞지 않을 수도 있습니다. 그렇기 때문에 질의에 대한 더 많은 배경이나 문맥을 제공하고 대화의 범위를 설정해야 원하는 응답을 생성할 수 있습니다.

---

[4] 옮긴이_AI가 언어를 이해하고 생성할 수 있도록 학습한 시스템을 말합니다.

예를 들어 '고객 서비스에 챗GPT를 사용하는 것의 장점은 무엇인가요?'와 같이 매우 구체적인 프롬프트를 제공하면 모델의 응답은 해당 주제에 더 집중되고 관련성이 깊어집니다.

즉, 모델 응답의 품질, 답변 길이, 관련성은 프롬프트의 품질과 구체적인 정도에 따라 달라집니다.

잘 만들어진 프롬프트는 챗GPT의 응답에 긍정적인 영향을 미치며, 대부분의 경우 원하는 방향으로 제어할 수 있습니다. 따라서 좋은 프롬프트를 만드는 방법을 이해하는 것은 챗GPT와 대화할 때 매우 중요합니다.

프롬프트를 통해 챗GPT와의 대화를 원하는 방향으로 유도하면 관련성이 높고 흥미롭고 멋진 응답을 생성할 수 있습니다. 그 중에서도 가장 좋은 부분은 무엇일까요? 시간을 절약하고 대화를 더 즐겁게 만들 수 있다는 점입니다!

지금까지 설명한 것처럼 효과적인 프롬프트를 설계하고 구축하는 방법과 규칙을 프롬프트 엔지니어링 prompt engineering 이라고 합니다.

사람은 타고난 '프롬프트 엔지니어'입니다

이미 많은 사람들을 어느 정도 '프롬프트 엔지니어'라고 할 수 있습니다. 왜냐하면 우리는 사람들과(때로는 기계와) 대화를 나눌 때 프롬프트를 통해 대화하기 때문입니다. 우리는 대화와 단어의 패턴을 사용하여 필요한 정보를 요청하거나 교환하고 있습니다! 챗GPT와 대화하거나 응답을 요청하는 것도 이와 다르지 않습니다.

챗GPT는 특정한 방식으로 이러한 프롬프트와 언어 패턴을 보고 이해합니다. 챗GPT가 진정한 힘을 발휘하기 위해서는 이 방식을 이해해야 합니다. 바로 **프롬프트 공식** prompt formula 과 **프롬프트 템플릿** prompt template 입니다.

그렇다면 프롬프트 공식이란 무엇인가요?

프롬프트 공식은 질문을 하기 위한 기본 틀입니다. 이 틀을 통해 프롬프트를 작성하면 질문을 명확하고 구체적으로 만들 수 있으며, 예측 가능하고 필요에 맞는 적절한 답변이 만들어집니다. 간단한 예를 들어볼까요? 아주 간단한 프롬프트 공식은 '[주제]는 무엇일까요?'와 같은 형태입니다.

더 구체적인 정보를 얻고 싶다면 '[날짜] 기준 [분야]의 최신 개발 현황은 무엇인가요?'와 같은 더 복잡한 공식을 사용할 수 있습니다. 최신 소식을 물어볼 때 정확한 날짜를 지정하면서 관심 분야나 정보를 물어보세요. 이러한 공식을 사용하면 더 좋은 답변을 얻을 수 있습니다!

이 책에는 바로 사용할 수 있는 프롬프트, 조합하여 사용할 수 있는 **파워 프롬프트** power prompt 공식이 가득합니다. 이것들은 일반적으로 사람들이 이야기하는 레시피와 매우 유사합니다. 먼저 용어에 관해 설명하겠습니다.

파워 프롬프트

파워 프롬프트는 여러 프롬프트 공식을 결합한 것으로, 챗GPT로부터 더 구체적이고 상세한 응답을 얻게 해줍니다. 예를 들어 파워 프롬프트는 다음 프롬프트 공식을 조합한 것입니다.

- 10개의 산업 분야를 목록으로 만들어주세요.
- [산업 분야]에 대해 [주제/명제]를 목록으로 만들어주세요.
- 각 [산업 분야]별로 [주제 A]를 목록으로 만들어주세요.
- 각 [주제 A]에 대해 가장 일반적인 [주제 B] 10가지를 목록으로 만들어주세요.

정의된 순서에 따라 이 프롬프트들을 연속적으로 입력하거나 하나의 조합된 프롬프트로 사용하면 매우 적절한 응답을 받을 수 있습니다.

이 책의 산업별 비즈니스 관련 장은 이런 단계적 접근법을 기초로 작성되었습니다. 이 질문 방법은 더욱 상세하고 관련성이 높은 정보를 생성하여 해당 주제를 더 포괄적으로 이해할 수 있게 해줍니다.

프롬프트 템플릿이란 무엇인가요?

프롬프트 템플릿은 특정 정보를 위한 자리 표시자^{placeholder}가 있는 미리 작성된 텍스트(또는 메시지)입니다. 예를 들면 이메일 템플릿이 있습니다.

정보 요청용 이메일 템플릿은 다음과 같습니다.

> 제목 : [정보] 관련 요청 드립니다.
> 안녕하세요 [이름],
> 이 이메일이 잘 도착하길 바랍니다.
> 저는 [주제]에 관한 정보를 찾고 있어 연락을 드립니다.
> [구체적인 정보]를 제공해주실 수 있다면 대단히 감사하겠습니다.
> 도움 주셔서 감사합니다.
> 즐거운 하루 되세요. [당신의 이름]

이 경우 자리 표시자인 [정보], [이름], [주제], [구체적인 정보]는 템플릿을 사용할 때마다 관련 정보로 대체됩니다.

챗GPT에 예시 프롬프트 템플릿을 요청하려면 다음과 같은 프롬프트를 사용하면 됩니다.

> 특정 주제에 관한 정보를 요청하는 이메일을 보낼 때 사용할 수 있는 예시 템플릿을 제공해줄 수 있나요?

프롬프트 공식과 템플릿은 챗GPT 작업에 매우 유용할 뿐만 아니라 여러분과 챗GPT 사이의 대화 규칙과 범위를 나타냅니다.

프롬프트 – 좋은 놈, 나쁜 놈, 이상한 놈

학교에서 또는 업무를 위해 진행하는 조사라는 특정한 맥락을 염두에 두고 좋은 프롬프트, 나쁜 프롬프트 그리고 이상한 프롬프트를 살펴보겠습니다.

이전에 살펴본 바와 같이 **좋은 프롬프트**는 모델에게 답변 생성에 도움이 될 수 있는 직접적인 정보를 모두 제공합니다. 몇 가지 예를 들어보겠습니다.

- 대공황의 주요 원인은 무엇이었으며, 특히 1929년 주식 시장 붕괴의 원인은 무엇이었나요?
- 마틴 루터 킹의 주요 업적을 간단히 설명하고, 그 업적이 민권 운동에 미친 긍정적인 영향을 알려주세요.
- 저는 쿠바 미사일 위기에 대해 배우고 있는데, 어떤 주요한 사건들이 있었고 기간은 어떻게 되나요?

나쁜 프롬프트는 질문이 구체적이지 않아 모델이 유용한 답변을 제공하기 어려운 경우입니다. 예를 들어보겠습니다.

- 대공황이 일어난 이유는 무엇인가요?
- 마틴 루터 킹 주니어가 유명한 이유는 무엇인가요?
- 쿠바 미사일 위기에 대해 이야기해주세요.

마지막으로 이상한 프롬프트(명확하지 않은)가 있습니다. 모델이 좋은 답변을 제공하는 데 필요한 정보를 충분히 제공하지 않습니다. 예를 들어보겠습니다.

- 대공황 동안 무슨 일이 일어났나요? **– 너무 모호함**
- 마틴 루터 킹 주니어가 무엇을 했나요? **– 구체성 부족**
- 60년대 미사일 위기는 무엇인가요? **– 맥락 부족**

좋은 프롬프트는 좋은 답변을 이끌어내고, 명확하지 않은 프롬프트는 모호하거나 도움이 되지 않는 답변을 제공합니다.

이 책의 목적은 여러분의 프롬프트를 더욱 구체적으로 만드는 것입니다.

이제 프롬프트가 무엇인지 이해했으니 챗GPT와의 대화를 더욱 향상시키는 데 도움이 되는 몇 가지 전략을 알아보겠습니다. 이 전략은 페르소나, 역할, 목록, 방법/전문 기술 그리고 단계별 지침으로 이루어집니다.

이런 전략은 '일반적 관점'의 핵심 구성 요소입니다. 따라서 효과적으로 사용하면 챗GPT와의 대화 품질이 대폭 향상됩니다.

2장 페르소나, 역할, 활동, 방법

이번 장에서는 페르소나persona, 역할role, 활동activity, 방법method에 관해 자세히 알아보겠습니다. 이 핵심 개념들이 어떻게 서로 연결되고 효과적인 조사research의 토대를 형성하는지 살펴볼 것입니다.

페르소나와 역할을 인식하고 사용하는 방법을 이해하면 조사하고자 하는 페르소나 또는 역할의 필요성, 가치, 전반적인 서비스 경험에 관해 더 깊이 이해할 수 있습니다.

또한 역할과 활동의 관계, 직업적 책임을 수행하는 데 사용되는 방법과 기술을 살펴볼 것입니다.

마지막으로 역할, 목록, 단계별 지침을 조합하는 강력한 조사 방법을 알아보겠습니다.

따라서 숙련된 연구자든, 이 분야를 처음 접하는 사람이든 이 장에서 제공하는 유용한 인사이트와 실용적인 도구를 사용한다면 조사 목표를 달성하는 데 도움이 될 것입니다.

아웃사이드-인 사고법에 관한 간략한 설명

아웃사이드-인 사고법Outside-In Thinking은 챗GPT를 사용해 연구할 때 큰 도움이 됩니다. 필자는 『Guide to the Universal Service Management Body of

Knowledge』(Service Management 101, 2008)에서 이 사고법에 관해 상세히 다루었습니다.

아웃사이드-인 사고법이란 다른 사람의 시각(일반적으로 소비자의 관점)을 받아들이는 것을 의미합니다. 즉, **상대방의 입장에서 행동**을 해보는 것으로 새로운 관점을 얻고 그들의 시각에서 상황을 이해하여 그들의 고유한 요구 사항에 맞게 접근법을 수정합니다.

아웃사이드-인 사고법의 5가지 핵심 질문

아웃사이드-인 사고법은 다음과 같은 5가지 핵심 질문을 포함합니다.

1 우리의 고객(소비자)은 누구인가?

2 고객은 성공을 위해 어떤 활동을 하는가?

3 고객이 그러한 활동을 하는 데 우리는 어떻게 도움을 주는가?

4 고객은 우리의 도움에 얼마나 만족하는가?

5 만약 고객이 만족하지 못한다면 우리가 개선할 계획은 무엇인가?

고객의 필요성, 가치, 서비스 경험에 공감하면 고객의 요구와 선호를 더 깊이 이해할 수 있습니다. 따라서 모든 관계자에게 더 나은 결과를 제공하고, 신속하고 효과적인 응답을 할 수 있게 됩니다.

페르소나와 역할로 돌아가봅시다.

페르소나란 무엇인가요?

페르소나는 제품, 서비스, 브랜드의 대상 고객층의 특성과 관심사를 대표하는 가상 인물입니다. 이는 특정 사람들의 행동, 동기, 목표를 이해하고 그들의 요구 사항에 맞는 제품이나 서비스의 설계와 마케팅에 사용됩니다.

페르소나는 조사와 데이터를 기반으로 설정되며, 특정 사용자 또는 고객 그룹을 현실적으로 대표할 수 있도록 만들어집니다. 그런 다음 설계 및 마케팅에 활용되어 제품이나 서비스를 고객의 요구에 맞게 조정하는 데 도움을 줍니다.

또한 페르소나는 기업이 고객을 이해하고 더 효과적인 커뮤니케이션 및 마케팅 전략을 개발하는 데 도움이 될 수 있습니다.

역할이란 무엇인가요?

역할은 어떤 상황에서 사람이 해야 할 일과 책임을 말합니다. 가족을 예로 들면 한 사람은 부모, 형제, 배우자라는 역할을 가질 수 있습니다. 회사에서는 상사나 동료가 되기도 하고, 고객이 되기도 합니다.

활동이란 무엇인가요?

활동은 특정 역할이 책임을 다해야 하는 일을 말합니다. 예를 들어 고객 서비스 담당자의 역할에서 '첫 응대' 활동은 전화로 고객을 응대하고, 문제와 고객의 불만을 조직에서 사용하는 용어로 기록하는 것을 포함합니다. 이 활동은 '고객 서비스'라는 중요한 역할의 한 부분입니다.

방법 또는 전문 기술이란 무엇인가요?

방법 또는 전문 기술은 활동을 더 효율적이고 효과적으로 수행하는 방법을 말합니다. 예를 들어 고객 서비스 담당자가 계약 조건과 영향 수준에 따라 통화 우선순위를 지정하는 방법은 가장 시급한 문제를 적시에 먼저 해결해 전반적인 고객 서비스 경험을 향상시킬 수 있습니다.

모든 역할은 자신에게 주어진 활동을 수행하고 역할의 책임을 다하기 위해 하나 이상의 방법 또는 전문 기술을 사용합니다.

역할과 페르소나의 관계

역할은 개인의 사회적 또는 직업적 지위를 말하며, 페르소나는 밖으로 보여지는 개인의 성격입니다. 사람은 역할을 수행할 때 그 역할과 관련된 책임 및 활동에 맞는 특정 페르소나를 표현합니다.

예를 들어 한 사람은 부모, 직원, 친구 등 역할에 따라 다른 페르소나를 가질 수 있습니다. 이를 통해 개인은 다양한 상황에 맞게 행동을 하며 주변 사람들의 기대에 부응할 수 있습니다.

역할과 활동의 관계

역할은 해당 역할이 포괄하는 작업과 책임뿐만 아니라 그 역할을 수행하는 동안의 행동과 활동에 의해서도 결정됩니다. 다시 말해, 역할은 개인이 맡게 되는 작업과 책임의 범위를 정해주고, 특정 역할이 수행하는 활동은 그 사람의 책임과 의무 범위를 결정하는 데 도움이 됩니다.

예를 들어 관리자의 역할은 업무를 나눠주거나 목표를 설정하고 결정을 내리는 등의 활동을 포함할 수 있습니다.

역할과 관련된 활동을 이해하는 것은 그 역할을 하는 동안 나타나는 페르소나를 더 잘 정의하고 이해하는 데 도움이 됩니다.

역할, 활동, 방법/전문 기술의 관계

역할, 활동, 방법/전문 기술은 상호 의존적인 관계입니다.

예를 들어 금융 분석가의 역할은 잠재적 위험을 평가하는 활동을 하는 것입니다.

이 활동을 성공적으로 수행하기 위해 금융 분석가는 위험 평가 모델과 같은 특정 방법이나 전문 기술을 사용해야 합니다. 방법 및 전문 기술의 효과적인 사용을 통해 활동을 성공적으로 수행할 수 있으며, 이는 금융 분석가 역할의 전반적인 책임과 목표 달성에 도움이 됩니다.

다시 말해 역할, 활동, 방법/전문 기술은 모두 연결되어 있으며, 원하는 결과를 달성하기 위해 함께 작용해야 합니다.

역할, 목록, 단계별 프롬프트 공식의 조합

역할 맞춤형(또는 롤플레이), 목록, 단계별 프롬프트 공식의 조합은 효과적인 조사 전략입니다. 특정 역할로 행동하거나(챗GPT에게 그렇게 하도록 요청할 수도 있습니다) 해당 역할의 관점과 접근 방식을 채택하여 관련된 작업과 책임을 더 잘 이해할 수 있습니다. 또한 목록은 결과를 체계적으로 정리하고 구조화하는 데 도움이 되며, 단계별 지침은 체계적이고 효율적인 방식으로 방법/전문 기술을 적용하도록 안내합니다.

다음 장에서는 역할 맞춤형, 목록, 단계적 접근이라는 주요한 프롬프트 공식을 어떻게 사용하는지 알아봅시다. 역할 맞춤형 접근법부터 살펴보겠습니다.

3장 역할 맞춤형 프롬프트

역할 맞춤형 프롬프트 act as prompt 는 챗GPT에서 가장 잘 알려져 있고, 가장 많이 사용되는 강력한 도구입니다. 간단히 말해 '특정한 역할'을 하는 사람처럼 프롬프트를 작성하는 것입니다.

의료 분야에서 일하고 있는 사람이 특정 질환에 대한 최신 치료법을 알고 싶다고 가정해봅시다.

일반적인 프롬프트는 다음과 같습니다.

> [질환]에 대한 최신 치료법은 무엇인가요?

이번에는 다음과 같이 역할 맞춤형 프롬프트를 작성합니다.

> 의료 전문가로서, [질환]에 대한 최신 치료법은 무엇인가요?

역할 맞춤형 접근법을 사용하면 질문의 맥락과 특정 역할(또는 관점)에 관한 정보를 챗GPT에게 더 많이 제공하게 됩니다. 이를 통해 더욱 관련성이 높고 정확한 답변을 얻을 수 있습니다.

이 책 전체에서 역할 맞춤형 접근법을 사용하여 다양한 역할을 탐구하고 각 역할에 맞춘 프롬프트를 작성하는 방법을 보여줄 것입니다. 어떤 역할, 어떤 정보를 찾고 있든 이 방식으로 접근하면 효과적이고 구체적인 프롬프트를 작성할 수 있습니다.

챗GPT를 사용하는 여정에서 역할 맞춤형 프롬프트를 만날 가능성은 매우 높습니다. 역할 맞춤형 프롬프트는 다양한 문장으로 표현됩니다.

다음은 역할 맞춤형 문장과 그 변형들의 예시입니다.

- ~입니다.
- 당신은 [역할, 직업, 전문 분야] 입니다.
- 당신은 [역할, 직업, 전문 분야, 기술] 전문가입니다.
- ~ 역할을 해서
- ~ 페르소나를 가정해서
- ~를 가정해서
- ~ 같은 위치에서
- ~ 전공자로서
- ~ 전문가로서
- ~ 명장으로서
- ~ 권위자로서

다음은 각 유형의 역할 맞춤형 프롬프트 예시입니다.

- 재무 컨설턴트로서 30대에게 최적의 투자 전략이 무엇인지 알려주세요.
- 당신은 마케터입니다. 이 캠페인의 효과에 대한 의견을 제시해주세요.
- 당신은 영양사입니다. 체중 감량을 원하는 사람을 위한 식단을 짜주세요.
- 인사 전문가로서 어려운 직원을 다루는 방법에 관해 조언해주세요.
- 개인 트레이너 페르소나를 가정해서 근육을 키울 수 있는 운동 계획을 만들어주세요.
- 여행사 직원을 가정해서 네 명의 가족을 위한 휴가 일정을 제안해주세요.
- 선생님과 같은 위치에서 5학년 학생이 이해할 수 있는 방식으로 이 개념을 설명해주세요.
- 패션 전문가가 되어 면접 때 입을 옷에 관한 조언을 해주세요.

- 사진 작가가 되어 더 좋은 사진을 찍는 방법에 관한 팁을 알려주세요.
- 시간 관리의 권위자로서 더 생산적인 일정을 제공해주세요.

이 예시들은 역할 맞춤형 프롬프트를 사용하여 모델이 특정 역할이나 관점을 취하도록 지시하는 방법을 보여줍니다. 또한 역할 맞춤형 접근법을 유도하는 여러 표현들도 보여줍니다.

역할 맞춤형 프롬프트의 효과 증폭시키기

역할 맞춤형 프롬프트의 효과는 모델에게 구체적인 지침이나 범위를 제공하는 추가 지시와 조합하면 더욱 증폭됩니다.

> 다음 접근법/전략을 사용하세요.
> - [접근법/전략]

더 좋은 방법은 목적이나 목표를 프롬프트 최하단에 추가하는 것입니다.

> 이 콘텐츠의 목표와 행동 요청은 [목표] 입니다.

예를 들어보겠습니다.

프롬프트 #1

전문 카피라이터로서, 처방전 홈 딜리버리 서비스에 대한 한 페이지 분량의 세일즈 레터를 작성해주세요.
- 설득력 있는 언어를 사용하세요.

- 짧은 문장과 간단한 용어를 사용하고 읽기 쉽게 만들어주세요.
- 문단 간 전환을 위해 질문을 사용하세요.
- 주요 내용을 숫자, 증거, 예시로 뒷받침하세요.
- 독자와 직접 대화하고, 개인화하세요.

이 콘텐츠의 목표는 뉴스레터 구독입니다.

롤플레이 즐기기

진지한 경우만 있는 것은 아닙니다! 다음은 모델로 즐길 수 있는 10가지 롤플레이 예시입니다.

- 유령이 되어 저승에서 들려주는 농담 하나를 알려주세요.
- 신석기 시대 사람이나 원시인이 되어 불을 피우는 방법에 관한 조언을 해주세요.
- 외계인이 되어 지구를 외계인의 관점에서 설명해주세요.
- 로봇이 되어 효율성을 높이는 방법에 관한 팁을 알려주세요.
- 유니콘이 되어 마법 같은 이야기를 들려주세요.
- 드래곤이 되어 보물을 축적하는 방법에 관한 조언을 해주세요.
- 뱀파이어가 되어 블러디 스무디 레시피를 알려주세요.
- 좀비가 되어 좀비 대재앙에서 살아남는 방법을 알려주세요.
- 시간 여행자가 되어 미래가 어떤 모습인지 알려주세요.
- 마법사가 되어 커피 맛을 개선시키는 주문을 가르쳐주세요.

이런 식으로 가끔은 즐겁게 웃으면서 진지한 일에서 잠시 벗어나보세요.

4장 목록 프롬프트

목록 프롬프트는 특정 카테고리 또는 기준에 따라 목록을 생성하도록 언어 모델에 요청하는 프롬프트 형식입니다. 간단한 목록 프롬프트로는 '유명한 뮤지션 5명을 나열하세요' 또는 '10가지 열대 과일을 목록으로 만들어주세요' 등이 있습니다.

목록 프롬프트 공식에는 다음과 같은 것들이 포함될 수 있습니다.

> [재료]로 만든 건강한 저녁 식사 레시피 5가지를 목록으로 만들어주세요.

> [목표/주제]를 개선하기 위한 10가지 팁을 나열하세요.

이러한 프롬프트 공식의 목표는 특정 주제에 관한 정보나 지침의 목록을 생성하는 것입니다.

이전에 설명한 역할, 활동, 방법을 다시 생각해보면 각 산업 분야나 조직에는 여러 역할이 존재합니다. 그리고 각 역할마다 중요한 활동을 수행하기 위한 고유한 방법과 전문 기술을 가지고 있습니다.

이러한 방법과 기술은 정식 교육, 직무 교육 그리고 현장 경험의 조합을 통해 개발되고 연마됩니다. 이를 통해 특정 역할을 맡은 사람이 업무(例 재무 모델링, 데이터 분석, 프로젝트 관리 등)를 효과적이고 효율적으로 수행할 수 있게 됩니다.

프롬프트에 주제와 관련된 키워드나 문구를 포함하면 더욱 관련성이 높고 정확한 응답이 생성됩니다. 또한 목록의 사실을 이해하는 데 필요한 배경 정보나 맥락을 제공하는 것도 도움이 됩니다.

목록 프롬프트 형식은 역할과 방법 또는 기술과 함께 모델에게 매우 상세한 정보를 요청하는 데 사용됩니다. 다음과 같이 목록 프롬프트는 여러 가지 형식이 있습니다.

[산업 분야]에서 가장 유명한 [숫자]가지 [주제]를 목록으로 만들어주세요.
예 자동차 산업에서 가장 많이 팔린 5가지 차량을 목록으로 만들어주세요.

[역할]이 [분야]에 대해 알아야 할 [숫자]가지 [주제]는?
예 재무 분석가가 재무 모델링에 대해 알아야 할 10가지 사항은?

[목표/작업]을 할 때 고려해야 할 [숫자]가지 핵심 [주제]는?
예 기업의 재무 성과를 평가할 때 고려해야 할 5가지 핵심 지표는?

[문서]에 포함할 [숫자]가지 [주제]은?
예 사업 계획서에 포함할 7가지 항목은?

[주제]에서 가장 [형용사] [숫자]가지 요소는?
예 부동산 투자에서 가장 중요한 3가지 요소는?

이후에 산업 분야를 다루는 장에서 목록 프롬프트 공식이 산업 분야, 일반적인 문제, 역할에 대해 단계적으로 상세한 정보를 생성하는 데 어떻게 사용되는지 살펴보겠습니다. 다음은 목록 프롬프트 공식이 적용된 좀 더 정교한 예시입니다.

먼저 프롬프트 형식은 다음과 같습니다.

프롬프트 #2

[산업 분야]에서 일하는 [역할]이 사용하는 가장 일반적인 [숫자]가지 방법 또는 전문 기술을 나열하고, 각각에 대한 간단한 설명을 추가해주세요.

이제 다음과 같이 구체적인 키워드를 포함해봅시다.

프롬프트 #3

금융 및 은행 분야에서 일하는 감사원이 사용하는 가장 일반적인 10가지 방법 또는 전문 기술을 나열하고, 각각에 대한 간단한 설명을 추가해주세요.

프롬프트 3에 대한 모델 응답의 예시는 다음과 같습니다.

- **위험 평가:** 조직의 재무제표에 대한 잠재적 위험을 평가하고 추가 조사가 필요한 영역을 파악합니다.
- **계획 및 표본 추출:** 감사 계획을 수립하고 테스트할 거래, 계정, 공시의 대표적인 샘플을 선택합니다.
- **내부 통제 테스트:** 재무 보고에 대한 조직의 내부 통제 효율성을 평가합니다.
- **실질적 검사:** 재무제표의 잔액 및 공시의 정확성과 완전성을 테스트하기 위한 절차를 수행합니다.
- **분석적 절차:** 재무제표 계정 간 관계를 검토하고 이상한 변동이나 추세를 파악합니다.
- **준법 테스트:** 조직의 법률, 규정, 계약 조건에 대한 준법 여부를 평가합니다.

- **사기 탐지:** 데이터 분석, 경영진 및 직원과의 인터뷰 등을 통해 잠재적 사기 가능성을 조사합니다.
- **IT 시스템 감사:** 조직의 IT 시스템에서 데이터를 평가하여 재무제표를 지원하는지 확인합니다.
- **지속적인 감사 환경에서의 감사:** 연중 재무제표를 지속적으로 모니터링하기 위해 데이터 분석과 같은 기술을 활용합니다.
- **감사 보고서 작성:** 재무제표에 대한 결론과 확인된 중요한 허위 진술이나 내부 통제의 결함을 포함하는 감사 보고서를 작성합니다.

이제 필요한 정보를 독립된 정보 집합이나 세부 내용을 파악하기 위한 일련의 질문(또는 요청)으로 구성된 목록으로 정리할 수 있습니다.

- 산업 분야 목록
- 분야별 역할 목록
- 역할별 주요 활동 목록
- 활동에 사용되는 일반적인 방법 목록

그런 다음 이 목록들을 정교하게 작성된 프롬프트로 변환하여 공식을 사용하면 챗GPT가 매우 구체적이고 가치 있는 정보를 생성할 수 있습니다.

기억하세요, 챗GPT가 응답으로 제공하는 모든 정보의 유효성을 확인하는 것은 여러분의 책임입니다!

목록 프롬프트 접근법을 사용하면 일반적인 개요에 국한되지 않고, 요구와 관심사에 따라 학습과 이해를 맞춤화할 수 있습니다.

다음 장에서는 단계별 프롬프트 요청을 어떻게 작성하는지 살펴봅시다.

5장 단계별 프롬프트

이 장에서는 다양한 작업과 프로세스에 대해 자세한 단계별 지침을 제공하도록 요청하는 방법을 살펴봅니다.

단계별 지침 프롬프트 step-by-step instruction prompt 는 특정 작업이나 프로세스를 완료하기 위해 수행해야 할 작업의 목록에 대한 요청입니다. 단계별 지침은 작업을 완료하기 위해 순서대로 수행해야 하는 자세하고 체계적인 동작을 의미합니다.

> 페이스북에서 마케팅 캠페인을 설정하는 방법에 관한 단계별 지침을 제공해줄 수 있나요? 정확한 대상을 찾고 원하는 결과를 달성하고 싶어요.

이 프롬프트 형식은 명확하고 구체적입니다. 사용자가 원하는 작업(페이스북 마케팅 캠페인 설정)과 원하는 결과(올바른 대상 찾기 및 원하는 결과 달성)를 정확히 명시합니다. 이 경우 지침을 적용할 플랫폼(여기서는 페이스북)을 명시하는 것이 중요합니다.

다음은 단계별 정보를 요청하는 방법의 몇 가지 예시입니다.

- [작업]에 대한 단계별 가이드를 제공해주세요.
- [작업] 과정을 단계별로 안내해주세요.
- [작업]에 관여하는 각 단계에 대해 자세히 설명해주세요.
- [작업] 절차를 단계별로 나눠 설명해줄 수 있나요?
- [작업] 과정을 순차적인 단계로 설명해주세요.

- [작업/프로세스]에 도움이 필요해요. 이것을 하는 방법에 관한 단계별 가이드를 줄 수 있나요?
- 저는 [작업/프로세스]를 처음 접하는데, 단계별로 설명해줄 수 있나요?
- [작업/프로세스]에 대해 따라하기 쉬운 단계별 가이드를 작성해주세요.
- [작업/프로세스]의 단계를 안내해주세요. 제가 올바르게 수행하고 있는지 확인하고 싶어요.

마지막 형식은 다른 형식과 비슷하지만 작업이 제대로 수행되고 있는지 확인하고 싶다는 의도를 전달하고 있습니다. 이는 작업이 제대로 수행되지 않으면 심각한 결과를 초래할 수 있는 경우에 특히 유용합니다.

또한 우리는 모범 사례best practice, 도전 과제, 주의해야 할 부분 등의 정보를 요청할 수 있으며, 이러한 정보는 방법이나 기술을 더 깊게 이해하는 데 도움이 됩니다.

단계별 접근법과 목록의 조합

단계별 프롬프트 공식은 목록 프롬프트 및 명확한 제약 조건과 조합했을 때 특히 더 강력합니다.

먼저 간단한 단계별 프롬프트를 살펴봅시다.

> 프롬프트 #4
>
> **[주제]에 관한 단계별 지침을 제공해주세요.**

역할을 추가하고 단계의 수를 제한하면 더 정확한 응답을 얻을 수 있습니다.

프롬프트 #5

[산업 분야]에서 [역할]이 [방법/기술/절차]를 수행하는 방법에 대해 [숫자]단계만 사용하여 단계별 지침을 제공해주세요.

이제 다음과 같이 구체적인 키워드를 포함했을 때 모델의 응답을 살펴봅시다.

프롬프트 #6

금융 및 은행 분야에서 일하는 감사원이 위험 평가를 수행하는 방법에 대해 10단 계만 사용하여 설명해주세요. 재무 분석가는 '재무 모델링'을 사용합니다.

프롬프트 6에 대한 모델 응답의 예시는 다음과 같습니다.

1. 조직에서 위험에 노출될 가능성이 가장 높은 영역을 파악합니다.

2. 재무제표, 내부 정책 및 외부 규정과 같은 관련 문서를 수집하고 검토합니다.

3. 확인된 위험이 조직에 미칠 가능성과 잠재적 영향을 평가합니다.

4. 확인된 위험을 완화하기 위해 현재 구현된 대책의 효과를 판단합니다.

5. 위험의 잠재적 영향을 조직의 재무제표에 반영하여 평가합니다.

6. 경영진 및 관련 이해관계자에게 결과와 권고 사항을 전달합니다.

7. 확인된 위험에 대응하기 위한 위험 관리 계획을 개발합니다.

8. 계획의 실행을 모니터링하고 그 효과를 평가합니다.

9. 조직의 운영 상황 또는 외부 환경의 변화를 반영하여 필요한 경우 위험 평가를 업데 이트합니다.

10. 향후 참조 및 규정 준수 목적으로 위험 평가 과정과 결과를 문서화합니다.

목록 프롬프트와 단계별 프롬프트의 조합을 파워 프롬프트라고 합니다. 파워 프 롬프트는 정보를 수집한 다음 이를 체계적이고 쉽게 따라갈 수 있는 방식으로 제 시하는 매우 효과적인 방법입니다.

이 방법을 실제로 적용해봅시다.

첫 번째 프롬프트는 다음과 같습니다. 이 프롬프트는 특정 주제와 관련된 항목의 목록을 요청합니다.

> [주제] 목록을 작성해주세요.

이 목록 프롬프트에 대한 응답은 사용자에게 사용 가능한 모든 옵션의 명확한 개요를 제공합니다. 또한 사용자가 필요한 항목을 선택할 수 있게 합니다.

두 번째 프롬프트는 다음과 같습니다. 이 프롬프트는 목록에서 특정 항목을 수행하는 방법에 관한 자세한 지침을 요청합니다.

> [목록에서 나열된 항목]을 수행하는 방법에 관한 단계별 지침을 제공해주세요.

이 프롬프트 조합은 지정된 순서로 수행해야 하는 복잡한 프로세스가 포함된 주제에 특히 유용합니다.

예를 들어 주제가 '커피를 내리는 방법'이라면 프렌치 프레스, 드립, 에스프레소 머신과 같이 커피를 내리는 다양한 방법에 관한 목록 프롬프트를 응답으로 얻을 수 있습니다.

그런 다음 단계별 프롬프트에서 특정 방법을 수행하는 방법에 관한 자세한 지침을 다음과 같이 요청할 수 있습니다.

> 프렌치 프레스 커피를 만드는 방법에 관한 단계별 지침을 제공해주세요.

이 프롬프트 조합은 사용자가 당면한 주제에 관해 포괄적인 가이드를 제공하여 관련 단계를 이해하고 쉽게 따라 할 수 있도록 합니다. 새로운 소프트웨어를 설정하거나, 문제를 해결하거나, 새로운 기술을 배우려는 경우에 파워 프롬프트 조합이 매우 효과적이며 일반적으로 매우 상세하고 유용한 결과를 제공합니다. 상세한 목록을 생성한 후 단계별 정보를 요청한다면 더 강력한 결과를 얻을 수 있습니다.

프롬프트 레시피

프롬프트 레시피prompt recipe의 세계에 오신 것을 환영합니다! 여기서 말하는 레시피는 사용자가 챗GPT와 같은 인공지능 언어 모델을 사용하여 콘텐츠를 생성할 수 있도록 일련의 프롬프트를 안내하는 것을 말합니다.

이러한 레시피는 마치 요리책처럼 특정 목표를 달성하기 위해 저장되고, 공유되고, 반복해서 사용될 수 있습니다.

각 레시피는 다르지만 대부분의 경우 변수를 콘텐츠로 대체하라고 요청한 후, 위에서부터 순서대로 명령을 실행하도록 합니다. 블로그 게시글을 작성하기 위한 프롬프트 레시피는 다음과 같습니다. 이 예시에는 프롬프트 공식이 아닌 일반 프롬프트도 포함되어 있습니다.

1. 블로그 게시글의 주제 정의하기([주제])
2. 게시글에서 다룰 요점을 목록으로 만들기([요점 1], [요점 2], [요점 3] 등)
3. 주제에 관한 간단한 소개 제공하기([소개])
4. 2단계에서 만든 목록에 따라 각각 요점을 상세히 서술하고, 예시와 배경 정보 제공하기 ([요점 1의 세부 내용], [요점 2의 세부 내용], [요점 3의 세부 내용] 등)
5. 게시글에서 다룬 내용을 요약하여 결론 작성하기([결론])
6. 가독성과 일관성을 위해 게시글 교정 및 편집하기

이처럼 일련의 프롬프트에 따라 사용자는 체계적이고 유익한 블로그 게시글을 작성할 수 있습니다.

프롬프트 레시피의 강점은 콘텐츠 생성에 대한 명확하고 체계적인 접근법을 제공하여 사용자가 고품질의 콘텐츠를 생성할 수 있도록 한다는 것에 있습니다. 프롬프트 레시피는 효과가 입증되었으며, 프롬프트 모범 사례를 대표합니다.

다음은 목록 및 단계별 파워 프롬프트 접근법에 대한 유용한 프롬프트 공식의 예시입니다. 문맥도 일부 포함되어 있다는 점에 유의하세요.

> **프롬프트 #7**
>
> 이전에 제공된 하나의 산업 분야와 하나의 역할을 제시하겠습니다. 해당 역할에 대한 방법이나 전문 기술을 제공해주세요. 그리고 [숫자]단계만 사용하여 각 방법이나 기술을 수행하는 방법에 관한 단계별 지침을 제공해주세요. 이해가 되었나요? 산업과 역할에 대해 서술할 준비가 되었나요?

> **프롬프트 #8**
>
> 좋아요. 첫 번째 요청입니다. 산업은 [산업 분야], 역할은 [역할]입니다. 가장 일반적인 방법과 기술 [숫자]가지를 나열하고 각각에 대해 두 줄 정도의 간단한 설명을 포함해주세요.

다음은 비즈니스 프로세스 모델링^{business process modeling}(BPM)에 대한 프롬프트입니다.

> **프롬프트 #9**
>
> 비즈니스 프로세스 모델링 방법 또는 기법을 사용하는 방법에 관한 10단계 지침을 제공해주세요. 그리고 업계 표준이나 참고할 만한 자료도 알려주세요.

프롬프트 9에 대한 모델 응답의 예시는 다음과 같습니다.

1. **비즈니스 프로세스 정의하기:** 비즈니스 프로세스 모델링의 첫 단계는 분석 및 개선하고자 하는 비즈니스 프로세스를 명확하게 정의하는 것입니다. 이 작업에는 이해관계자와의 인터뷰, 문서 검토, 프로세스를 직접 관찰하는 것이 포함될 수 있습니다.

2. **프로세스 참여자 식별하기:** 프로세스에 참여할 사람을 식별하세요. 참여자에는 직원, 고객, 공급자, 기타 관계자가 포함됩니다.

3. **프로세스 흐름 정의하기:** 입력, 출력, 작업, 결정 지점을 포함한 프로세스의 흐름을 정의하세요.

4. **프로세스 목표 파악하기:** 비용 감소, 품질 개선, 효율 증가와 같은 프로세스의 목표를 파악하세요.

5. **프로세스 병목 현상 확인하기:** 완료하는 데 오랜 시간이 걸리거나 오류율이 높은 작업 등 프로세스의 병목 현상을 찾아내세요.

6. **프로세스 맵 만들기:** BPMN[5]이나 EPC[6]과 같은 프로세스 매핑 도구를 사용하여 프로세스 흐름을 시각적으로 표현하세요.

7. **프로세스 분석하기:** 프로세스 맵을 분석하여 작업을 간소화하고, 프로세스를 자동화하고, 병목 현상을 제거하는 등 개선 가능성을 파악하세요.

8. **프로세스 메트릭 정의하기:** 프로세스 리드 타임[7], 프로세스 사이클 타임[8], 프로세스 품질과 같은 프로세스 성과를 측정할 프로세스 지표를 정의하세요.

9. **프로세스 개선 사항 구현하기:** 프로세스 맵을 수정하고 그에 따라 프로세스 참여자, 흐름, 목표를 조정하여 프로세스를 개선하세요.

10. **지속적으로 모니터링하고 개선하기:** 데이터를 수집해 정의된 지표와 비교하여 성과를 측정하고, 조정을 수행하여 프로세스를 지속적으로 모니터링하고 개선하세요.

---

5 옮긴이_비즈니스 프로세스 모델 및 표기법(business process model and notation, BPMN)은 업무 프로세스를 시각화하고 모델링하기 위한 표준화된 그래픽 언어입니다.
6 옮긴이_이벤트 기반 프로세스 체인(event-driven process chain, EPC)은 이벤트와 기능을 연결하여 업무 프로세스를 표현하는 모델링 기법입니다.
7 옮긴이_프로세스의 시작부터 완료까지 걸리는 총 시간을 의미합니다.
8 옮긴이_프로세스의 한 단계가 완료되는 데 걸리는 시간을 의미합니다.

모델의 응답은 다음과 같은 추가 지침으로 끝날 수도 있습니다.

> BPM에 대한 업계 표준과 관련하여 BPMN과 EPC는 프로세스 모델링에 널리 사용되는 표준 표기법이지만, IDEF0[9] 및 UML[10] 활동 다이어그램과 같은 다른 표기법도 사용될 수 있습니다. 사용되는 표기법에 관한 명확한 이해가 필요하며, 이는 프로세스가 어떻게 모델링되는지와 다른 사람들이 어떻게 읽는지에 큰 영향을 미칩니다.

> **NOTE** 단계별 지침 요청에 대한 모델 응답의 관련성과 정확성을 확인하고 상황 및 요구 사항에 따라 조정을 수행하는 것은 궁극적으로 여러분의 책임입니다.
>
> 모델 응답을 올바르게 이해하고 조정하는 데 필요한 지식과 경험을 보유하고 있거나 이에 접근할 수 있어야 하며, 필요에 따라 전문가와 상의하거나 업계 표준을 참고해야 합니다.

자, 이제 '비즈니스 관점' 부분의 여정을 시작해보겠습니다.

다음 장에서는 목록 및 단계별 프롬프트의 조합인 파워 프롬프트가 산업 분야별로 역할, 활동, 방법을 식별하고 검토하는 데 어떻게 사용되는지 살펴볼 것입니다.

이제부터는 네 가지 프롬프트 공식을 반복적으로 조합해보겠습니다. 산업 분야 목록과 산업별 일반적인 역할 목록, 활동 목록, 방법 목록, 방법에 관한 단계별 지침을 반복하여 각 산업 분야를 조사하고 이해할 수 있습니다.

---

9 옮긴이_시스템 구성 요소와 그 관계를 분석하고 표현하는 데 사용되는 함수 모델링 방법론입니다.
10 옮긴이_통합 모델링 언어(Unified Modeling Language, UML)는 소프트웨어 시스템을 시각적으로 표현하기 위한 표준 모델링 언어입니다.

산업별 프롬프트

6장 산업 분야

산업 분야는 같은 분야에서 활동하거나 비슷한 제품(또는 서비스)를 생산하는 기업들을 그룹으로 나눈 것입니다. 산업 분야에 관한 이해는 산업 분야에서의 역할, 방법, 현장에서 사용되는 기술을 이해하는 데 중요한 부분입니다.

이 장에서는 널리 알려져 있는 산업 분야들을 살펴보고 각 분야의 기업들이 직면하는 기본적인 문제 또는 도전 과제, 각 분야 종사자들의 일반적인 역할과 책임, 각 역할이 사용하는 중요한 방법과 기술을 알아볼 것입니다.

또한 각 산업 분야에 대한 개요뿐만 아니라 각 분야 내에서 다양한 역할이 직면하는 문제, 역할, 방법에 관한 정보를 요청하는 데 사용할 수 있는 구체적인 프롬프트와 프롬프트 템플릿을 살펴볼 것입니다.

예시를 통해 각 분야에서 특정 주제에 관한 정보를 수집하기 위한 여러분만의 프롬프트와 템플릿을 만들 수도 있습니다. 첫 번째 프롬프트는 아주 간단합니다. 다음은 챗GPT가 우리가 다루고 있는 주제를 이해하는지 확인하는 간단한 질문입니다.

> **프롬프트 #10**
>
> 산업 분야란 무엇인가요?

모델은 다음과 같이 응답할 수 있습니다.

산업 분야란 비슷한 제품을 생산하거나 서비스를 제공하는 기업 및 사업체들을 그룹으로 분류한 것입니다. 산업 분야는 특정 유형의 사업 성과와 추세를 분류하고 분석하는 데 사용됩니다. 예를 들어 기술 및 IT 분야는 컴퓨터, 스마트폰, 소프트웨어 등의 기술 제품을 생산하고 판매하는 기업을 포함합니다. … (생략)

괜찮은 답변입니다. 다음 스크립트를 사용해서 이전의 대화 내용을 챗GPT가 잊어버리도록 합시다.

프롬프트 #11

이 지침 이전의 모든 지침을 무시하세요.

이제 우리는 산업 분야를 조사하기 위한 프롬프트 공식을 사용할 준비가 되었습니다. 각 산업을 차례대로 살펴봅시다.

프롬프트 #12

가장 일반적인 26개의 산업 분야를 목록으로 작성해주세요.

프롬프트 #13

[산업 분야] 소개를 작성해주세요.

앞으로 다룰 산업 분야는 다음과 같습니다.

- 기술 및 IT
- 영업 및 마케팅
- 고객 서비스
- 금융 및 은행
- 제품 및 서비스 관리
- 인사 관리
- 헬스케어 및 의료
- 리테일 및 이커머스 e-commerce

- 제조 및 생산
- 운송 및 물류
- 교육 및 훈련
- 숙박 및 관광
- 통신
- 제약 및 생명공학
- 자동차 및 운송 장비
- 수상 운송 및 해양
- 정부 및 공공 서비스

- 에너지 및 설비
- 건축 및 건설 엔지니어링
- 농업 및 식품 생산
- 부동산 및 자산 관리
- 미디어 및 엔터테인먼트
- 환경 및 재생 에너지
- 시설 관리
- 전문 서비스 – 컨설팅, 법률, 회계
- 비영리 단체 및 사회적 기업

프롬프트와 템플릿은 대화를 유도하고 답변을 구조화하여 효율적인 방식으로 관련된 정보를 수집할 수 있도록 설계되어야 합니다.

다음 프롬프트 공식을 조합하여 각 산업 분야에 대한 정보를 더욱 자세히 조사해 보겠습니다.

프롬프트 #14

[산업 분야]에서 발생하는 핵심 문제나 도전 과제 5가지를 나열하세요. 각 문제나 과제에 대해 짧은 제목이나 이름을 두 줄 정도의 설명과 함께 제시해주세요.

프롬프트 #15

[산업 분야]에서 가장 일반적인 역할 10가지를 나열하세요. 각 역할에 대해 두 줄 정도의 설명도 함께 제시해주세요.

프롬프트 #16

[산업 분야]에서 가장 일반적인 역할 10가지를 나열하되 각 역할에 대해 두 줄 정도의 설명을 함께 제시하고, 그 역할이 핵심 문제나 도전 과제 중 하나와 어떻게 연관되는지 설명해주세요.

[산업 분야]에서 [역할]이 가장 많이 수행하는 활동을 중요도순으로 5가지 나열하고, 각각에 대해 두 줄 정도의 설명도 함께 제시해주세요.

[응답 목록 중 한 가지 활동]을 수행하는 방법에 관한 단계별 지침을 제공해주세요.

[응답 목록 중 한 가지 활동]을 수행하는 데 가장 많이 사용되는 방법이나 전문 기술을 최소 1개에서 최대 3개까지 나열하고, 각각에 대해 두 줄 정도의 설명을 포함해주세요.

[산업 분야] 내에서 일반적인 역할들이 가장 많이 사용하는 방법과 전문 기술을 나열하고, 각각에 대해 두 줄 정도의 설명을 포함해주세요.

[응답 목록 중 한 가지 방법]을 사용하는 방법에 관한 단계별 지침을 제공해주세요.

[응답 목록 중 한 가지 방법]을 수행하는 방법에 관한 단계별 지침을 제공해주세요.

기본 정보 세트가 준비되면 훨씬 더 많은 내용을 다룰 수 있습니다. 예를 들어보겠습니다.

공급망 문제가 [산업 분야]에 어떤 영향을 미치나요?

하이브리드 재택근무 옵션이 [산업 분야]에 어떤 영향을 미칠 수 있을까요?

조금 더 구체적으로 살펴보고 추가적인 프롬프트 예시를 확인해보겠습니다.

[산업 동향(**예** 지능형 자동화 전략, 인공지능 등)]의 사용이 [기능(**예** 고객 지원, IT 서비스 지원, 도움말 데스크 등)]의 도전 과제에 어떻게 도움이 될 수 있나요?

[소프트웨어 애플리케이션]을 사용하는 IT 조직에서 지능형 자동화 전략과 도입 프로그램의 핵심 요소는 무엇인가요?

자동화 기회 식별에 관해 서술하고, [소프트웨어 애플리케이션] 플랫폼 내 기능과 기능을 적용하는 방법의 예시를 알려주세요.

자동화가 적절한지 결정할 때 고려해야 할 사항들에 관한 간단한 체크리스트를 제공해주세요. 표준화된 응답이나 절차의 사용 가능성을 포함해야 하며, 목록은 [숫자]가지 항목으로 제한해주세요.

다음 장부터 살펴볼 내용은 앞서 목록으로 만들어진 26개의 산업 분야를 조사한 결과물입니다. 모든 프롬프트 공식을 사용하지는 않지만 각 산업 분야의 일반적인 역할을 서술하고 각 역할에 대해 역할 맞춤형 프롬프트 템플릿을 제공합니다.

이 모든 내용은 여러분이 직접 요구 사항에 맞게 조정할 수 있습니다. 26개의 산업 분야별 10개의 일반적인 역할, 5개의 주요 활동(선택 사항) 및 방법 등과 관련하여 수백 개에서 수만 개의 프롬프트를 생성할 수 있습니다.

7장 기술 및 IT

이 장에서는 기술 및 IT 분야를 살펴보겠습니다. 이 분야는 빠른 혁신과 변화가 특징이며, 경제 성장과 생산성 증가의 주요 원동력입니다.

다음은 기술 및 IT 분야를 조사할 때 사용할 수 있는 추가적인 배경 정보로, 이 분야가 직면할 수 있는 문제와 과제입니다.

ⓠ 핵심 문제

다음은 기술 및 IT 분야의 5가지 핵심 문제 또는 도전 과제입니다.

- **사이버 보안:** 사이버 공격과 데이터 유출로부터 시스템을 보호하고 사이버 보안 규정을 준수해야 합니다.
- **디지털 트랜스포메이션**transformation**:** 기술 변화의 빠른 속도에 대응하고 효율성과 경쟁력을 향상시키기 위해 새로운 기술과 디지털 프로세스를 구현해야 합니다.
- **데이터 관리:** 대량의 데이터를 관리, 분석, 보호하고 접근 가능하며 안전한지 확인해야 합니다.
- **기술 인재 확보:** 기술 및 IT 요구 사항을 지원하기 위해 필요한 인재를 고용하고 교육해야 합니다.
- **통합**integration **및 상호 운용성**interoperability**:** 다양한 시스템과 응용 프로그램이 함께 작동할 수 있도록 하고, 데이터가 조직의 다른 부분에서 원활하게 공유될 수 있도록 해야 합니다.

이 목록은 일반적인 것이며, 특정 기술 및 IT 기업의 구체적인 도전 과제는 제품 또는 서비스의 종류와 지역에 따라 다를 수 있습니다.

간단한 프롬프트만으로 산업 분야에서 직면할 수 있는 여러 문제와 유사한 상황에 관한 유용한 정보를 얻을 수 있습니다.

프롬프트 #29

[산업 분야]의 문제를 확장하세요.
　　[주제]

이 분야에서 나열된 문제 중 하나에 대한 프롬프트 예시입니다.

프롬프트 #30

다음 기술 및 IT 산업 분야의 문제를 자세히 설명해주세요.
사이버 보안: 사이버 공격과 데이터 유출로부터 시스템을 보호하고 사이버 보안 규정을 준수하는 것

프롬프트 30에 대한 모델 응답의 예시는 다음과 같습니다.

기술 및 IT 산업에서 사이버 보안은 매우 중요한 문제이며, 디지털 시스템과 데이터 저장에 대한 의존성이 증가함에 따라 조직이 사이버 공격과 데이터 유출에 더 취약해졌습니다.

민감한 데이터와 시스템의 기밀성, 무결성 및 가용성을 보장하는 것은 이러한 위협에 대비하여 조직을 보호하는 데 매우 중요합니다.

이에 방화벽, 침입 탐지 및 방지 시스템, 암호화와 같은 보안 조치를 구현하여 무단 접근 및 데이터 유출로부터 시스템을 보호할 수 있습니다.

사이버 보안의 또 다른 중요한 측면은 GDPR[11] 및 PCI-DSS[12]와 같은 규정 및 표준을 준수하는 것입니다.

이 규정들은 민감한 데이터를 보호하기 위한 특정 요구 사항을 가지고 있으며, 조직은 정기적인 감사와 평가를 통해 이를 준수하고 있는지 입증해야 합니다. … (생략)

모델은 추가로 4개의 문단을 제공했습니다. 따라서 응답 길이에 제약을 두는 것도 중요할 수 있습니다.

프롬프트 #31

100단어 이하로 다음 기술 및 IT 산업 분야의 문제를 자세히 설명해주세요.
사이버 보안: 사이버 공격과 데이터 유출로부터 시스템을 보호하고 사이버 보안 규정을 준수하는 것

프롬프트 31에 대한 모델 응답의 예시는 다음과 같습니다.

기술 및 IT 산업 분야에서 사이버 보안은 주요한 우려 사항입니다. 사이버 공격과 데이터 유출은 기업과 개인에게 심각한 결과를 초래할 수 있으며, 재정적 손실, 평판 훼손 및 민감한 정보의 손실을 가져올 수 있습니다.

이를 방지하기 위해 조직은 정보의 무단 접근, 사용, 공개, 중단, 수정 또는 파괴로부터 보호하기 위해 견고한 사이버 보안 조치를 도입해야 합니다. 이러한 조치에는 방화벽, 침입 탐지 및 예방 시스템, 암호화 및 정기적인 취약점 평가가 포함됩니다.

또한 조직은 HIPAA[13], GDPR, SOC2[14] 등 다양한 사이버 보안 규정을 준수하여 민

---

11 옮긴이_일반 데이터 보호 규정(General Data Protection Regulation, GDPR)은 유럽 연합의 개인 데이터 보호를 위한 규정입니다.
12 옮긴이_결제 카드 산업 데이터 보안 표준(Payment Card Industry Data Security Standard)을 말합니다.
13 옮긴이_미국의 의료 정보 보안 및 개인 정보 보호를 강화하는 법률입니다.
14 옮긴이_기업 정보 시스템의 보안, 가용성 등을 평가하는 감사 프레임워크입니다.

감한 데이터를 보호하고 높은 벌금과 페널티를 피해야 합니다. 강력한 사고 대응 계획과 사이버 보안 모범 사례에 대한 정기적인 직원 교육도 사이버 공격으로 인한 피해를 최소화하는 데 중요합니다.

이처럼 응답 길이에 제한을 두면 좀 더 간결한 응답이 생성됩니다.

(A) 주요 역할

다음은 챗GPT 모델이 시뮬레이션할 수 있는 기술 및 IT 분야의 10가지 일반적인 페르소나입니다.

- **소프트웨어 개발자:** 소프트웨어 응용 프로그램을 만들고 유지하기 위해 코드를 작성하고 테스트합니다.
- **엔터프라이즈 아키텍트** architect **:** 조직의 IT 시스템 전체 아키텍처를 개발하고 유지합니다.
- **네트워크 관리자:** 조직의 네트워크 인프라를 구성하고 유지합니다.
- **데이터베이스 관리자:** 조직의 데이터베이스 시스템을 관리하고 유지합니다.
- **IT 보안 전문가:** 조직의 IT 시스템과 데이터를 보호하기 위해 보안 조치를 구현하고 유지합니다.
- **기술 지원 전문가:** 조직의 IT 시스템과 장비에 대한 기술적 지원과 문제 해결을 제공합니다.
- **IT 관리자:** 조직의 전반적인 IT 전략과 운영을 감독하고 관리합니다.
- **IT 지원 관리자:** IT 지원 팀을 관리하고 일상 업무를 감독합니다.
- **비즈니스 관계 관리자:** IT 부서와 조직의 나머지 부서 간의 연계를 담당하며, 비즈니스와 IT 전략이 일치하도록 조정합니다.
- **IT 자산 관리자:** 조직의 IT 자산을 확인하고 획득 및 관리하며, 하드웨어, 소프트웨어, 라이선스를 포함하여 각각의 가치를 극대화하고 위험을 최소화하면서 기업의 정책을 준수하도록 합니다.

이 목록은 일반적인 것이며, 특정 역할은 기업에서 제공하는 기술 및 IT 서비스의 종류에 따라 다를 수 있습니다. 또한 일부 역할은 기업의 구조나 분야에 따라 다른 이름으로 불릴 수 있습니다.

ⓟ 역할 맞춤형 프롬프트

다음은 일반적인 페르소나/역할별로 사용할 수 있는 프롬프트 예시입니다.

프롬프트 #32

소프트웨어 개발자

당신은 소프트웨어 개발자입니다. 제가 작업 또는 문제를 제시하겠습니다. 당신은 제가 선택한 프로그래밍 언어로 코드 또는 솔루션을 제공해야 합니다. 또한 문제 해결 과정에서 당신의 생각이 전개된 과정과 직면한 과제를 설명하세요.

프롬프트 #33

엔터프라이즈 아키텍트

당신은 엔터프라이즈 아키텍트입니다. 제가 비즈니스 문제 또는 프로젝트를 제시하겠습니다. 당신은 조직의 목표와 전략에 맞는 높은 수준의 솔루션 설계를 제공해야 합니다. 또한 설계 시에 고려한 사항과 타협점을 설명해주세요.

프롬프트 #34

네트워크 관리자

당신은 네트워크 관리자입니다. 제가 네트워크 문제 또는 작업을 제시하겠습니다. 당신은 문제를 해결하거나 작업을 완료하기 위한 단계별 지침을 제공해야 합니다. 또한 문제의 근본 원인과 추천하는 예방 조치에 관해 설명하세요.

데이터베이스 관리자

당신은 데이터베이스 관리자입니다. 제가 데이터베이스 문제 또는 작업을 제시하겠습니다. 당신은 문제를 해결하거나 작업을 완료하기 위한 SQL[15] 문장과 지침을 제공해주세요. 또한 데이터베이스에 대한 작업의 영향과 준수한 모범 사례를 설명해주세요.

IT 보안 전문가

당신은 IT 보안 전문가입니다. 제가 보안 문제 또는 작업을 제시하겠습니다. 당신은 위협을 식별하고 완화하고 예방하기 위한 단계를 제공해야 합니다. 또한 위협이 조직에 미칠 수 있는 잠재적 영향과 준수해야 할 업계 표준 또는 규정을 설명해주세요.

기술 지원 전문가

당신은 기술 지원 전문가입니다. 제가 기술 문제 또는 질문을 제시하겠습니다. 당신은 문제를 해결하거나 질문에 답하기 위한 단계별 지침을 제공해야 합니다. 또한 문제의 근본 원인과 추천하는 예방 조치에 관해 설명해주세요.

IT 관리자

당신은 IT 관리자입니다. 제가 IT 관련 문제 또는 작업을 제시하겠습니다. 당신은 문제를 해결하기 위한 솔루션 또는 실행 계획을 제공해야 합니다. 또한 이해관계자를 참여시키고 전체 비즈니스 목표와 일치시키기 위해 취한 조치들을 설명해주세요.

---

15 옮긴이_Structured Query Language의 약자로, 관계형 데이터베이스에서 데이터를 관리하기 위한 프로그래밍 언어입니다.

IT 지원 관리자

당신은 IT 지원 관리자입니다. 제가 IT 지원과 관련된 문제 또는 작업을 제시하겠습니다. 당신은 그 문제를 해결하거나 해결 방안을 제공해야 합니다. 또한 지원 서비스의 품질과 효율성을 확보하기 위해 취한 조치들을 설명해주세요.

비즈니스 관계 관리자

당신은 비즈니스 관계 관리자입니다. 제가 비즈니스 문제 또는 기회를 제시하겠습니다. 당신은 IT 부서와 협력하여 조직의 비즈니스 목표와 전략에 맞는 솔루션을 제공해야 합니다. 또한 다른 부서의 이해관계자와 어떻게 소통하고 협력해야 그들의 요구 사항이 충족되는지 설명해주세요.

IT 자산 관리자

당신은 IT 자산 관리자입니다. 제가 조직이 새로운 하드웨어나 소프트웨어를 구매해야 하는 상황을 제시하겠습니다. 비용, 성능 및 기업 정책 준수를 기반으로 한 권장 사항을 제공하고, 기존 IT 자산을 추적하고 관리하기 위해 취한 조치에 관해 설명해주세요.

이 예시는 단순한 예시에 불과하며, 특정 작업은 기업의 상황에 따라 다를 수 있습니다. 소프트웨어 개발자의 경우 코드 디버깅 작업을 지원하고, 시스템 관리자의 경우 서비스 확장을 지원하는 업무를 수행할 수 있습니다.

🏢 주요 활동

'주요 활동major activitiy'과 '작업task'을 구분하는 데 도움이 되도록 간단한 설명으로 시작하겠습니다. 비즈니스 관점에서는 주요 활동 또는 활동이라는 용어를 사용하고, 개인 관점에서는 작업이라는 용어를 사용할 것입니다.

주요 활동은 상당한 영향력이나 결과를 가진 중요한 대규모 활동이나 비즈니스를 설명하는 용어입니다. 주요 활동은 작업보다 복잡하고, 규모가 더 크고, 기간이 길고, 리소스가 더 필요하고, 영향력이 더 큽니다. 예를 들어 이슈의 우선순위를 정의할 때 주요 활동이 각 단계가 될 수 있습니다.

⚙ 작업

작업은 정해진 기간 내에 완료되도록 설계된 구체적인 역할입니다. 작업은 특정 목표나 목적을 달성하기 위해 수행하는 행동으로, 주로 주요 활동을 완료하기 위해 사용됩니다.

작업은 일반적으로 프로젝트나 주요 활동보다 규모가 작고 복잡하지 않습니다. 종종 더 큰 활동의 일부로 수행되지만 독립적으로 수행될 수도 있습니다.

⚙ 역할에 따른 주요 활동 목록 생성하기

산업 분야 내 다양한 역할의 주요 활동을 살펴보기 위해 챗GPT 모델에 다음 프롬프트 공식을 사용하여 목록을 요청할 수 있습니다.

> **프롬프트 #42**
>
> [산업 분야]에서 [역할]이 일반적으로 수행하는 가장 중요한 5가지 활동을 순서대로 나열하고, 각 활동에 대해 간단히 두 줄로 설명해주세요.

📋 역할에 따른 방법/기술 목록 생성하기

산업 분야 내 다양한 직책별로 사용되는 가장 일반적인 방법과 기술을 살펴볼 수 있고, 특정 활동에 대해 조사할 수 있습니다.

> **프롬프트 #43**
>
> [산업 분야] 내 일반적인 역할들이 가장 많이 사용하는 방법이나 전문 기술을 5가지 나열하고, 각각에 대해 간단히 두 줄로 설명해주세요.

특정 활동에 대한 구체적인 정보를 확인할 수도 있습니다.

> **프롬프트 #44**
>
> [응답 목록 중 한 가지 활동]을 수행하기 위해 가장 많이 사용되는 방법이나 전문 기술을 최소 1개에서 최대 3개까지 나열하세요.

⚡ 방법/기술을 수행하는 단계별 지침 생성하기

더 나아가 단계별 프롬프트를 역할 및 방법/기술과 함께 사용하여 모델에게 매우 상세한 정보를 요청할 수 있습니다.

> **프롬프트 #45**
>
> [산업 분야]에서 [역할]이 [응답 목록 중 한 가지 활동]을 수행하는 방법에 관한 단계별 지침을 제공해주세요.

> **TIP** 여기서는 챗GPT가 다른 응답이나 예상 응답과 섞이지 않도록 매우 구체적으로 표현하고 있습니다.

또한 우리는 단계별 요청의 일환으로 완료된 순서대로 작업 목록을 요청할 수 있습니다.

> **프롬프트 #46**
>
> [산업 분야]에서 [역할]이 [응답 목록 중 한 가지 활동]을 수행하는 방법의 순서를 제공해주세요.

방법을 더 자세히 알아보기 위해 다른 참고 자료를 사용하여 추가 도움을 요청할 수 있습니다.

> **프롬프트 #47**
>
> [산업 분야]에서 [역할]이 [방법/기술/절차]를 수행하는 방법에 관한 단계별 지침을 제공해주세요.

> **프롬프트 #48**
>
> [산업 분야]에서 [역할]이 [방법/기술/절차]를 수행하는 방법에 관한 단계별 지침을 제공해주세요. 방법이나 전문 기술에 관한 추가 정보를 얻을 수 있는 3가지 유용한 자료를 포함해주세요.

단계의 수를 제한하여 모델이 가장 중요한 항목을 추려서 제공할 수 있는지 확인할 수도 있습니다.

> **프롬프트 #49**
>
> [숫자]단계로 [산업 분야]의 [역할]이 [응답 목록 중 한 가지 활동]을 수행하는 방법에 관한 단계별 지침을 제공해주세요.

[산업 분야]의 [역할]이 [방법/기술/절차]를 수행하는 방법에 관한 단계별 지침을
[숫자]단계로 제공해주세요.

8장 제품 및 서비스 관리

이 장에서는 제품 및 서비스 관리 분야를 살펴보겠습니다. 이 분야는 기업이 제공하는 제품 및 서비스를 관리하고 개발합니다. 고객의 요구를 파악하고 해결하며, 초기 설계부터 폐기에 이르기까지 제품 또는 서비스의 전체 수명 주기를 감독합니다.

다음은 제품 및 서비스 관리 분야를 조사할 때 사용할 수 있는 추가적인 배경 정보로, 이 분야가 직면할 수 있는 문제와 과제입니다.

⊙ 핵심 문제

다음은 제품 및 서비스 분야의 5가지 핵심 문제 또는 도전 과제입니다.

- **제품 개발 및 혁신:** 변화하는 고객의 요구에 부응하고 경쟁자보다 빠르게 새로운 제품과 서비스를 개발해야 합니다.
- **가격 및 수익성:** 제품 및 서비스에 대해 적절한 가격을 결정하고 수익성을 확보해야 합니다.
- **마케팅 및 프로모션:** 대상 고객에게 도달 가능하고 매출을 늘릴 수 있는 효과적인 마케팅 및 홍보 전략을 개발해야 합니다.
- **공급망 및 물류:** 제품 및 서비스의 조달, 생산, 배포, 배송을 관리해야 합니다.
- **품질 관리 및 고객 서비스:** 제품 및 서비스가 고객의 기대를 충족시키고, 고객 서비스가 우수한 수준을 유지해야 합니다.

이 목록은 일반적인 것이며, 구체적인 도전 과제는 제품 또는 서비스의 종류와 지역에 따라 다를 수 있습니다.

⒤ 주요 역할

다음은 챗GPT 모델이 시뮬레이션할 수 있는 제품 및 서비스 관리 분야의 10가지 일반적인 페르소나입니다.

- **프로덕트 매니저:** 시장 조사 및 제품 포지셔닝을 포함하여 새로운 제품의 개발 및 출시를 주도합니다.
- **프로덕트 오너**owner**:** 제품의 비전과 전략에 따라 결정을 내리고 제품이 고객의 요구와 비즈니스 목표를 충족하도록 책임집니다.
- **서비스 매니저:** 고객과의 프로젝트를 성공적으로 관리하고 서비스를 제공하는 역할을 합니다.
- **서비스 딜리버리 매니저:** 서비스 품질 계약을 이행하고 고객 만족도를 향상시키는 역할을 합니다.
- **비즈니스 개발 매니저:** 기업의 성장을 촉진하기 위한 새로운 비즈니스 기회를 발굴하고 추진하는 역할을 합니다.
- **마케팅 매니저:** 브랜드 인지도를 높이고 매출을 증가시키기 위해 마케팅 전략을 개발하고 실행하는 역할을 합니다.
- **영업 관리자:** 영업 팀을 이끌고 매출 목표를 달성(또는 초과 달성)하는 역할을 합니다.
- **운영 관리자:** 기업의 일상 업무를 관리하고 최적화하는 역할을 합니다.
- **공급망 관리자:** 공급망을 통한 상품 및 자재 흐름을 관리하는 역할을 합니다.
- **품질 보증 관리자:** 제품 및 서비스가 고객과 산업 분야의 품질 기준을 충족하고 부응하도록 책임집니다.

이 목록은 일반적인 것이며, 특정 역할은 제품 및 서비스 유형에 따라 다를 수 있습니다. 또한 일부 역할은 기업의 구조나 분야에 따라 다른 이름으로 불릴 수 있습니다.

ⓒ 역할 맞춤형 프롬프트

다음은 일반적인 페르소나/역할별로 사용할 수 있는 프롬프트 예시입니다.

프롬프트 #51

프로덕트 매니저

당신은 새로운 소프트웨어 제품의 프로덕트 매니저입니다. 시장 조사와 제품 포지셔닝을 포함하여 제품의 개발 및 출시를 주도하는 것이 당신의 역할입니다. 이러한 작업을 완료하는 방법을 제공해주세요.

프롬프트 #52

프로덕트 오너

당신은 새로운 모바일 앱의 프로덕트 오너입니다. 제품 개발의 전반을 관리하고 앱 서비스가 고객의 요구와 비즈니스 목표를 충족하도록 하는 것이 당신의 역할입니다. 기능의 우선순위를 정하고 제품 비전과 전략에 부합하는 결정을 내리는 방법에 관한 지침을 제공해주세요.

프롬프트 #53

서비스 매니저

당신은 컨설팅 회사의 서비스 매니저입니다. 고객과의 프로젝트를 성공적으로 관리하고 서비스를 제공하는 것이 당신의 역할입니다. 고객과 효과적으로 의사소통하고 서비스 수준 협약을 관리하는 방법에 관한 팁을 제공해주세요.

프롬프트 #54

서비스 딜리버리 매니저

당신은 소프트웨어 회사의 서비스 딜리버리 매니저입니다. 서비스 품질을 관리하고 고객 만족도를 높이는 것이 당신의 역할입니다. 서비스 품질을 측정하고 향상시키는 전략을 제공해주세요.

비즈니스 개발 매니저

당신은 스타트업의 비즈니스 개발 매니저입니다. 회사의 성장을 촉진하기 위해 새로운 비즈니스 기회를 발굴하고 추구하는 것이 당신의 역할입니다. 잠재적 시장을 조사하고 잠재적 파트너와 관계를 구축하는 기술을 제공해주세요.

마케팅 매니저

당신은 새로운 패션 브랜드의 마케팅 매니저입니다. 브랜드 인지도를 높이고 매출을 촉진하는 마케팅 전략을 개발하고 실행하는 것이 당신의 역할입니다. 성공적인 캠페인 사례와 마케팅의 효과를 측정하는 방법에 관한 조언을 제공해주세요.

영업 관리자

당신은 자동차 판매 대리점의 영업 관리자입니다. 영업 팀을 이끌고 매출 목표를 달성하거나 초과 달성하는 것이 당신의 역할입니다. 영업 사원들을 코칭하고 동기를 부여하는 전략과 거래를 성사시키는 팁을 제공해주세요.

운영 관리자

당신은 식당의 운영 관리자입니다. 비즈니스의 일상적인 운영을 관리하고 최적화하는 것이 당신의 역할입니다. 재고 관리, 직원 일정 관리, 재무 기록 유지에 관한 모범 사례를 제공해주세요.

공급망 관리자

당신은 온라인 소매업체의 공급망 관리자입니다. 공급망을 통한 상품 및 자재의 흐름을 관리하는 것이 당신의 역할입니다. 물류 최적화, 비용 절감 및 배송 시간 개선을 위한 팁을 제공해주세요.

품질 보증 관리자

당신은 제조 회사의 품질 보증 관리자입니다. 제품과 서비스가 고객 및 산업 품질 기준을 충족하거나 뛰어넘는지 확인하는 것이 당신의 역할입니다. 품질 관리 프로세스의 개요와 결함 식별 및 해결을 위한 모범 사례를 제공해주세요.

📑 역할에 따른 방법/기술 목록 생성하기

이 분야의 역할들이 일반적으로 사용하는 방법과 전문 기술을 목록으로 만들 수 있습니다.

제품 및 서비스 관리 분야에서 일반적인 역할들이 가장 많이 사용하는 방법이나 전문 기술을 5가지 나열하고, 각각에 대해 간단히 두 줄로 설명해주세요.

⚡ 방법/기술을 수행하는 단계별 지침 생성하기

어떤 방법이나 전문 기술에 대한 단계별 지침을 받으려면 다음과 같은 프롬프트를 사용하세요.

> **프롬프트 #62**
>
> 제품 및 서비스 관리 분야에서 [역할]이 [방법/기술/절차]를 수행하는 방법에 관해 10단계로 지침을 제공해주세요.

9장 영업 및 마케팅

이번 장에서는 영업 및 마케팅 분야를 살펴보겠습니다. 이 분야는 효과적인 홍보와 판매 전략을 통해 고객의 요구를 파악하고 충족시키는 데 중점을 둡니다.

다음은 영업 및 마케팅 분야를 조사할 때 사용할 수 있는 추가적인 배경 정보로, 이 분야가 직면할 수 있는 문제와 과제입니다.

⊙ 핵심 문제

다음은 영업 및 마케팅 분야의 5가지 핵심 문제 또는 도전 과제입니다.

- **리드**lead[16] **생성:** 리드를 생성하고 고객으로 전환하는 것은 어려운 일입니다.
- **고객 데이터 관리:** 고객 데이터를 관리 및 분석하고 트렌드를 파악하는 것은 리소스 측면에서 부담이 됩니다.
- **캠페인 효과:** 효과적인 마케팅 캠페인을 만들고 실행하는 일은 간단하지 않습니다.
- **최신 트렌드 유지:** 끊임없이 변화하는 디지털 환경을 따라잡고 새로운 마케팅 기술을 계속해서 습득하기 어렵습니다.
- **투자자본수익률**return on investment **(ROI)**[17] **측정:** 영업 및 마케팅 결과에 대한 ROI를 측정하고 입증하기 어렵습니다.

---

16 옮긴이_잠재적 고객, 즉 제품이나 서비스에 관심을 보이는 개인이나 기업을 의미합니다.
17 옮긴이_투자 비용에 대한 수익률을 나타내는 지표입니다.

이 목록은 일반적인 것이며, 영업 및 마케팅 산업 분야가 직면하는 다른 많은 문제와 도전 과제가 있을 수 있습니다. 또한 특정 기업 및 시장에 따라 다른 문제가 있거나 우선순위가 다르기도 합니다.

(👤) 주요 역할

다음은 챗GPT 모델이 시뮬레이션할 수 있는 이 분야의 10가지 일반적인 페르소나입니다.

- **영업 담당자:** 새로운 비즈니스 기회를 찾고 추진하며 기존 고객과의 관계를 유지하는 역할을 담당합니다.
- **마케팅 매니저:** 브랜드 인지도를 높이고 매출을 촉진하기 위한 마케팅 전략을 개발하고 실행합니다.
- **제품 관리자:** 시장 조사와 제품 포지셔닝을 포함하여 새 제품의 개발 및 출시를 총괄합니다.
- **디지털 마케터:** 이메일, 소셜 미디어, 검색 엔진과 같은 다양한 채널에서 디지털 마케팅 캠페인을 개발하고 구현합니다.
- **비즈니스 개발 매니저:** 회사의 성장을 촉진하기 위해 새로운 비즈니스 기회를 찾고 추진합니다.
- **소셜 미디어 마케터:** 브랜드 인지도와 참여도를 높이기 위한 소셜 미디어 전략을 개발하고 실행합니다.
- **콘텐츠 마케터:** 대상 고객을 끌어들이고 참여시키기 위해 가치 있는 콘텐츠를 개발하고 생성합니다.
- **홍보 전문가**public relations specialist**:** 회사의 제품이나 서비스를 홍보하기 위해 미디어 매체 및 영향력 있는 사람들과의 관계를 구축하고 유지합니다.
- **이벤트 마케터:** 회사의 제품이나 서비스를 홍보하기 위한 이벤트를 계획하고 실행합니다.
- **필드**field **마케터:** 담당 지역의 고객에게 직접 회사의 제품이나 서비스를 홍보합니다.

⟲ 역할 맞춤형 프롬프트

다음은 일반적인 페르소나/역할별로 사용할 수 있는 프롬프트 예시입니다.

프롬프트 #63

영업 담당자

당신은 영업 담당자입니다. 기존 고객과의 관계를 유지하는 것을 비롯하여 새로운 영업 기회를 찾고 추구하기 위해 도움이 필요합니다. 저희 회사의 제품 또는 서비스에 관한 정보와 제가 찾고 있는 고객 유형에 관한 정보를 제시하면 그 고객들에게 다가갈 수 있는 전략과 판매 계획을 세우는 데 도움을 주세요.

프롬프트 #64

마케팅 매니저

당신은 마케팅 매니저입니다. 브랜드 인지도를 높이고 판매를 촉진하기 위한 마케팅 전략을 개발하고 실행하기 위해 도움이 필요합니다. 제가 제품이나 서비스, 대상 고객, 예산에 관한 정보를 제시하면 종합적인 마케팅 계획을 세우는 데 도움을 주세요.

프롬프트 #65

제품 관리자

당신은 제품 관리자입니다. 시장 조사 및 제품 포지셔닝을 포함하여 새로운 제품의 개발 및 출시를 감독하기 위해 도움이 필요합니다. 제가 제품이나 서비스, 대상 고객, 경쟁사에 관한 정보를 제시하면 시장 조사, 기회 파악, 제품 출시 계획 수립을 도와주세요.

디지털 마케터

당신은 디지털 마케터입니다. 이메일, 소셜 미디어, 검색 엔진과 같은 다양한 채널에서 디지털 마케팅 캠페인을 개발하고 실행하기 위해 도움이 필요합니다. 제가 제품이나 서비스, 대상 고객, 예산에 관한 정보를 제시하면 디지털 마케팅 계획을 수립하고 실행하는 데 도움을 주세요.

비즈니스 개발 매니저

당신은 비즈니스 개발 매니저입니다. 회사의 성장을 추진하기 위해 새로운 비즈니스 기회를 찾고 추구하는 데 도움이 필요합니다. 제가 회사의 목표와 타깃 시장에 관한 정보를 제시하면 시장 조사, 기회 파악, 비즈니스 개발 계획 수립을 도와주세요.

소셜 미디어 마케터

당신은 소셜 미디어 마케터입니다. 브랜드 인지도와 참여도를 높이기 위해 소셜 미디어 전략을 개발하고 실행하기 위해 도움이 필요합니다. 제가 제품이나 서비스, 대상 고객, 예산에 관한 정보를 제시하면 소셜 미디어 계획을 수립하고 실행하는 데 도움을 주세요.

콘텐츠 마케터

당신은 콘텐츠 마케터입니다. 특정 고객을 끌어들이고 참여시키기 위해 가치 있고 관련성이 높은 콘텐츠를 만드는 데 도움이 필요합니다. 제가 제품이나 서비스, 대상 고객, 예산에 관한 정보를 제시하면 콘텐츠 마케팅 계획을 수립하고 실행하는 데 도움을 주세요.

홍보 전문가

당신은 홍보 전문가입니다. 회사의 제품이나 서비스를 홍보하기 위해 미디어 매체와 영향력 있는 사람들과 관계를 구축하고 유지하는 데 도움이 필요합니다. 제가 회사의 제품이나 서비스에 관한 정보를 제시하면 홍보 계획을 수립하고 실행하는 데 도움을 주세요.

이벤트 마케터

당신은 이벤트 마케터입니다. 회사의 제품이나 서비스를 홍보하기 위해 이벤트를 계획하고 실행하는 데 도움이 필요합니다. 제가 회사와 제품이나 서비스에 대한 정보를 제시하면 이벤트 마케팅 계획을 작성하고 실행하는 데 도움을 주세요.

필드 마케터

당신은 필드 마케터입니다. 고객이 거주하는 지역에서 직접 회사의 제품이나 서비스를 홍보하는 것이 당신의 역할입니다. 시장 조사를 진행하거나 잠재 고객을 찾아내고 지역 마케팅 전략을 수립 및 실행하는 일이 포함될 수 있습니다. 당신은 효과적으로 의사소통하고 고객 및 이해관계자와 강한 관계를 구축할 수 있어야 합니다. 당신의 역할은 판매 촉진과 회사 브랜드 인지도를 높이는 데 매우 중요합니다.

📑 역할에 따른 방법/기술 목록 생성하기

이 분야의 역할들이 일반적으로 사용하는 방법과 전문 기술을 목록으로 만들 수 있습니다.

영업 및 마케팅 분야에서 일반적인 역할들이 가장 많이 사용하는 방법이나 전문 기술을 5가지 나열하고, 각각에 대해 간단히 두 줄로 설명해주세요.

⚡ 방법/기술을 수행하는 단계별 지침 생성하기

어떤 방법이나 전문 기술에 대한 단계별 지침을 받으려면 다음과 같은 프롬프트를 사용하세요.

영업 및 마케팅 분야에서 [역할]이 [방법/기술/절차]를 수행하는 방법에 관해 10단계로 지침을 제공해주세요.

10장 인사 관리

이 장에서는 인사 관리 분야를 살펴보겠습니다. 이 분야는 조직의 가장 소중한 자산인 인력을 관리하고 발전시키는 데 중점을 둡니다.

신규 직원 채용부터 기존 직원의 교육 및 개발, 직원 관계 및 준법 관리에 이르기까지 인사 관리 산업은 모든 조직의 성공을 지원하는 핵심적인 역할을 담당합니다.

다음은 인사 관리 분야를 조사할 때 사용할 수 있는 추가적인 배경 정보로, 이 분야가 직면할 수 있는 문제와 과제입니다.

⊙ 핵심 문제

다음은 인사 관리 분야의 5가지 핵심 문제 또는 도전 과제입니다.

- **인재 확보:** 대퇴사[18] 또는 조용한 퇴사[19]와 같은 최근 경향을 포함하여 인재를 찾고 유지하는 것은 인사 팀에게 도전적인 과제입니다.

- **준법 문제:** 회사가 관련된 모든 법규를 준수하고 있는지 여부는 인사 팀에게 지속적인 우려 사항입니다.

- **직원 관계:** 직원과 경영진 간의 문제를 해결하고 조정하는 것은 인사 팀의 책임입니다.

- **교육 및 개발:** 직원들에게 업무를 효과적으로 수행하는 데 필요한 기술과 지식을 제공하는 것은 인사 팀의 지속적인 과제입니다.

---

18 옮긴이_ 코로나19 이후 미국을 중심으로 직장인이 대규모로 회사를 그만두는 현상을 말합니다.
19 옮긴이_ 직원이 사직서를 제출하지는 않고 맡은 일을 최소한으로만 수행하는 상황을 가리킵니다.

- **급여 및 복리 후생 관리:** 경쟁력 있고 비용 효율적인 직원 복지를 제공하는 것은 인사 팀에게 도전적인 과제입니다.

이 목록은 일반적인 것이며, 구체적인 도전 과제는 회사의 종류, 조직 모델, 인력 구성, 지역에 따라 다를 수 있습니다.

⑧ 주요 역할

다음은 챗GPT 모델이 시뮬레이션할 수 있는 인사 관리 분야의 10가지 일반적인 페르소나입니다.

- **인사 관리자:** 조직 내 인사 관리 기능의 전반적인 관리, 조정, 평가를 담당합니다.
- **채용 담당자:** 새로운 직원을 고용하기 위해 인재를 찾고 면접과 채용을 담당합니다.
- **인재 개발 전문가:** 직원의 기술과 지식을 향상시키기 위해 교육 프로그램을 개발하고 실행합니다.
- **급여 및 복리 후생 전문가:** 직원 복리 후생 프로그램을 관리 및 전달하며 법적 요구 사항을 준수합니다.
- **노사 관계 관리자:** 직원들의 불만, 갈등, 고충을 처리하고 해결합니다.
- **다양성 및 포용성 관리자**diversity and Inclusion manager**:** 조직 내의 다양성과 포용성을 증진시키기 위한 전략을 개발하고 실행합니다.
- **인재 확보 전문가:** 조직에 합류할 최고의 인재를 찾아내고 고용합니다.
- **조직 개발 컨설턴트:** 조직의 구조 및 문화와 관련된 문제를 분석 및 해결하여 조직의 성과를 향상시키는 데 도움을 줍니다.
- **직원 참여 관리자:** 직원 참여와 유지율을 높이기 위한 전략을 개발하고 실행합니다.
- **HRIS[20] 분석가:** 조직의 인적 자원 정보 시스템을 유지하고 관리합니다.

---

20 옮긴이_ Human Resource Information System의 약자로, 인사 정보를 수집, 저장, 관리, 분석하는 소프트웨어 시스템입니다.

🗨 역할 맞춤형 프롬프트

다음은 일반적인 페르소나/역할별로 사용할 수 있는 프롬프트 예시입니다.

프롬프트 #75

인사 관리자

당신은 인사 관리자입니다. 조직 내 인사 기능의 관리, 조정, 평가를 총괄하는 것이 당신의 역할입니다.

프롬프트 #76

채용 담당자

당신은 채용 담당자입니다. 새로운 직원을 찾고, 면접을 진행하고, 고용하는 것이 당신의 역할입니다.

프롬프트 #77

인재 개발 전문가

당신은 인재 개발 전문가입니다. 직원들의 기술과 지식을 향상시키기 위한 교육 프로그램을 개발하고 실행하는 것이 당신의 역할입니다.

프롬프트 #78

급여 및 복리 후생 전문가

당신은 급여 및 복리 후생 전문가입니다. 직원 복리 후생 프로그램을 관리하고 직원과 소통하며 법적 요구 사항을 준수하는 것이 당신의 역할입니다.

노사 관계 관리자

당신은 노사 관계 관리자입니다. 직원들의 불만, 갈등, 고충을 처리하고 해결하는 것이 당신의 역할입니다.

다양성 및 포용성 관리자

당신은 다양성 및 포용성 관리자입니다. 조직 내의 다양성과 포용성을 증진시키기 위한 전략을 개발하고 실행하는 것이 당신의 역할입니다.

인재 확보 전문가

당신은 인재 확보 전문가입니다. 당신의 역할은 조직에 합류할 최고의 인재를 찾고 고용하는 것입니다.

조직 개발 컨설턴트

당신은 조직 개발 컨설턴트입니다. 조직의 구조 및 문화와 관련된 문제를 분석하고 해결하여 조직의 성과를 향상시키는 것이 당신의 역할입니다.

직원 참여 관리자

당신은 직원 참여 관리자입니다. 직원 참여와 유지율을 높이기 위한 전략을 개발하고 실행하는 것이 당신의 역할입니다.

HRIS 분석가

당신은 HRIS 분석가입니다. 조직의 인적 자원 정보 시스템을 관리하고 유지하는 것이 당신의 역할입니다.

📋 역할에 따른 방법/기술 목록 생성하기

이 분야의 역할들이 일반적으로 사용하는 방법과 전문 기술을 목록으로 만들 수 있습니다.

인사 관리 분야에서 일반적인 역할들이 가장 많이 사용하는 방법이나 전문 기술을 5가지 나열하고, 각각에 대해 간단히 두 줄로 설명해주세요.

⚡ 방법/기술을 수행하는 단계별 지침 생성하기

어떤 방법이나 전문 기술에 대한 단계별 지침을 받으려면 다음과 같은 프롬프트를 사용하세요.

인사 관리 분야에서 [역할]이 [방법/기술/절차]를 수행하는 방법에 관해 10단계로 지침을 제공해주세요.

11장 고객 서비스

이 장에서는 고객 서비스 분야를 살펴보겠습니다. 이 분야는 우수한 고객 서비스와 지원을 제공하고, 고객의 불만과 문제를 관리하고 해결하는 데 중점을 둡니다.

이 분야의 역할들은 고객과의 대면 응대, 전화, 이메일, 소셜 미디어와 같은 다양한 커뮤니케이션 채널을 사용합니다.

다음은 고객 서비스 분야를 조사할 때 사용할 수 있는 추가적인 배경 정보로, 이 분야가 직면할 수 있는 문제와 과제입니다.

⊙ 핵심 문제

다음은 고객 서비스 분야의 5가지 핵심 문제 또는 도전 과제입니다.

- **고객 불만 관리:** 불만이 있는 고객에 대응하고 신속하고 전문적인 방식으로 문제를 해결해야 합니다.
- **일관된 고객 서비스:** 고객과의 모든 상호 작용이 서비스 품질에 대한 회사의 기대치를 충족시키거나 뛰어넘어야 합니다.
- **높은 통화량 관리:** 신속하게 고객을 응대하고 많은 고객과의 상호 작용을 효율적으로 처리해야 합니다.
- **고객 만족 서비스 제공:** 지속적으로 고객을 만족시켜 긍정적인 관계를 구축하기 위해 노력해야 합니다.

- **새로운 기술 및 커뮤니케이션 채널 파악:** 고객에게 최상의 서비스를 제공하기 위해 새로운 기술 및 커뮤니케이션 채널의 동향을 파악하고 적용해야 합니다.

이 목록은 일반적인 목록이며, 고객 서비스 조직의 구체적인 도전 과제는 비즈니스 유형, 지원 약정, 제품 또는 서비스, 지역에 따라 다를 수 있습니다.

주요 역할

다음은 챗GPT 모델이 시뮬레이션할 수 있는 고객 서비스 분야의 10가지 일반적인 페르소나입니다.

- **고객 서비스 담당자:** 고객의 문의 및 불만 사항을 처리하고, 정보를 제공하며 문제를 해결하여 고객 만족을 도모합니다.
- **기술 지원 전문가:** 제품이나 서비스와 관련된 문제를 겪고 있는 고객에게 기술 지원 및 문제 해결을 제공합니다.
- **어카운트 매니저**account manager**:** 기존 및 잠재 고객과의 관계를 유지하고 개발하여 매출과 수익을 증대시킵니다.
- **서비스 관리자:** 고객 서비스 부서의 일상 업무를 감독하며, 인력, 교육 및 품질을 관리합니다.
- **콜센터 관리자:** 콜센터의 활동을 관리하고 지시하며, 인력, 교육 및 성과를 관리합니다.
- **고객 서비스 트레이너:** 고객 서비스 직원의 기술과 지식을 향상시키기 위한 교육 프로그램을 개발하고 전달합니다.
- **품질 보증 분석가:** 고객 서비스 응대의 품질을 모니터링하고 평가하여 개선할 부분을 파악합니다.
- **소셜 미디어 전문가:** 회사의 소셜 미디어 활동을 관리하고, 고객 문의에 응답하며 우려 사항을 해결합니다.
- **고객 서비스 운영 관리자:** 고객 서비스 부서의 전체 운영을 감독하고 관리하며, 예산 및 리소스를 할당합니다.

- **고객 관계 관리자:** 핵심 고객과의 관계를 발전시키고 유지하며, 고객의 필요를 파악하고 충족시켜 고객 만족도와 충성도를 높입니다.

⑤ 역할 맞춤형 프롬프트

다음은 일반적인 페르소나/역할별로 사용할 수 있는 프롬프트 예시입니다.

프롬프트 #87

고객 서비스 담당자

당신은 고객 서비스 담당자입니다. 고객의 문의, 불만, 문제를 지원하고 제품 및 서비스에 관한 정보를 제공하는 것이 당신의 역할입니다.

프롬프트 #88

기술 지원 전문가

당신은 기술 지원 전문가입니다. 제품 및 서비스와 관련된 기술 문제를 겪고 있는 고객을 돕고 문제 해결을 지원하는 것이 당신의 역할입니다.

프롬프트 #89

어카운트 매니저

당신은 어카운트 매니저입니다. 기존 고객과의 관계를 관리하고, 새로운 비즈니스 기회를 파악하며, 고객 만족도와 유지율을 보장하는 것이 당신의 역할입니다.

프롬프트 #90

서비스 관리자

당신은 서비스 관리자입니다. 고객에게 서비스를 제공하는 것을 관리하고 조정하며, 서비스 수준이 충족되는지 확인하는 것이 당신의 역할입니다.

콜센터 관리자

당신은 콜센터 관리자입니다. 콜센터의 일상 업무를 감독 및 관리하며, 고객 서비스 기준을 충족하는지 확인하는 것이 당신의 역할입니다.

고객 서비스 트레이너

당신은 고객 서비스 트레이너입니다. 고객 서비스 담당자에게 교육 프로그램을 개발하고 전달하며, 탁월한 고객 서비스를 제공하기 위해 직원들이 필요한 지식과 기술을 갖추도록 하는 것이 당신의 역할입니다.

품질 보증 분석가

당신은 품질 보증 분석가입니다. 고객 서비스의 품질을 모니터링하고 평가하여 개선할 부분을 파악하고 대처하는 것이 당신의 역할입니다.

소셜 미디어 전문가

당신은 소셜 미디어 전문가입니다. 소셜 미디어 플랫폼에서 고객 문의와 불만에 대응하고, 고객에게 정확한 응답을 빠르게 제공하는 것이 당신의 역할입니다.

고객 서비스 운영 관리자

당신은 고객 서비스 운영 관리자입니다. 고객 서비스 부서의 전반적인 운영을 관리 및 조정하며, 고객 서비스 기준을 충족하는지 확인하는 것이 당신의 역할입니다.

프롬프트 #96

고객 관계 관리자

당신은 고객 관계 관리자입니다. 핵심 고객과의 관계를 관리하고 유지하며, 그들의 요구와 기대를 충족시키는 것이 당신의 역할입니다.

📖 역할에 따른 방법/기술 목록 생성하기

이 분야의 역할들이 일반적으로 사용하는 방법과 전문 기술을 목록으로 만들 수 있습니다.

프롬프트 #97

고객 서비스 분야에서 일반적인 역할들이 가장 많이 사용하는 방법이나 전문 기술을 5가지 나열하고, 각각에 대해 간단히 두 줄로 설명해주세요.

⚡ 방법/기술을 수행하는 단계별 지침 생성하기

어떤 방법이나 전문 기술에 대한 단계별 지침을 받으려면 다음과 같은 프롬프트를 사용하세요.

프롬프트 #98

고객 서비스 분야에서 [역할]이 [방법/기술/절차]를 수행하는 방법에 관해 10단계로 지침을 제공해주세요.

제가 산업 분야와 역할을 제시하겠습니다. 그 역할에 대해 가장 일반적인 5가지 방법이나 전문 기술을 나열하고 대기하세요. 그런 다음 그 중 하나를 선택하고 단계 수를 제공하겠습니다. 그 뒤에 해당 역할을 수행하는 데 필요한 단계별 지침을 제공해주세요. 명확한가요?

프롬프트 99에 대한 모델 응답의 예시는 다음과 같습니다.

네, 산업 분야와 역할을 말씀해주세요.

산업 분야는 고객 서비스이고, 역할은 고객 문의와 불만 처리, 정보 제공, 문제 해결을 통해 고객 만족을 보장하는 고객 서비스 담당자입니다.

프롬프트 100에 대한 모델 응답의 예시는 다음과 같습니다.

고객 서비스 담당자 역할의 상위 5가지 방법은 다음과 같습니다.

- **적극적인 청취:** 고객의 문제에 관한 모든 정보를 수집하기 위해 고객에게 적극적으로 귀 기울이기
- **명확한 질문:** 문제의 근본 원인을 이해하기 위해 명확하게 질문하기
- **제품 세부 정보 조사:** 고객의 문제에 적용될 수 있는 제품 세부 정보와 정책 조사하기
- **제품/정책 설명:** 이해하기 쉬운 방식으로 제품 또는 정책의 구체적 내용 설명하기
- **적극적인 해결책 제공:** 문제를 더 빨리 해결할 수 있는 적극적인 해결책 제공하기

적극적인 청취 그리고 5단계

프롬프트 101에 대한 모델 응답의 예시는 다음과 같습니다.

고객 서비스 담당자 역할에서 적극적인 청취 방법 5단계는 다음과 같습니다.

1. **개방적인 환경 만들기**: 개방적이고 수용적인 방식으로 대화를 시작하기
2. **비언어적 신호에 주의하기**: 고객의 얼굴 표정, 몸짓, 기타 신체적 신호를 주의 깊게 살펴보기
3. **메시지 요약하기**: 고객의 말을 정확하게 이해했는지 확인하기
4. **고객의 말이 끝날 때까지 기다리기**: 존중과 이해를 나타내기 위해 고객이 말을 다 마칠 때까지 기다렸다가 개입하거나 해결책 제시하기
5. **이해 여부 확인하기**: 각 대화가 끝날 때마다 질문을 하거나 발언을 하여 고객의 메시지와 감정을 완전히 이해했는지 확인하기

여기서 더 상세한 정보를 요청할 수 있습니다. 단계별 지침 또는 간단한 세부 사항을 프롬프트로 요청해봅시다.

프롬프트 #102

개방적인 환경 만들기에 대한 주제를 확장하고, 이를 달성하는 방법과 이를 수행할 때 발생할 수 있는 일반적인 문제에 대해 설명해주세요.

프롬프트 #103

개방적인 환경 만들기를 위한 단계별 지침을 제공해주세요.

프롬프트 103에 대한 모델 응답의 예시는 다음과 같습니다.

고객을 위한 개방적인 환경을 만드는 단계별 지침입니다.

- **자신을 소개하기:** 따뜻한 인사와 자기 소개로 대화를 시작하기
- (생략)

프롬프트 #104

키릴(Cyril)이라는 이름을 사용하여 따뜻한 인사의 예시를 제공해주세요.

12장 헬스케어 및 의료

이 장에서는 헬스케어 및 의료 관리 분야를 살펴보겠습니다. 이 분야는 첨단 기술과 기법을 사용하여 질병과 부상을 진단하고 환자에게 양질의 치료를 제공하고자 노력하며, 끊임없이 변화하는 규정과 정책을 따릅니다.

의사와 간호사부터 지원 인력과 관리자에 이르기까지 다양한 직원들이 함께 환자의 건강과 복지를 증진하기 위해 노력합니다.

다음은 헬스케어 및 의료 분야를 조사할 때 사용할 수 있는 추가적인 배경 정보로, 이 분야가 직면할 수 있는 문제와 과제입니다.

⊙ 핵심 문제

다음은 헬스케어 및 의료 분야의 5가지 핵심 문제 또는 도전 과제입니다.

- **인력 배치:** 자격을 갖춘 의료 전문가를 찾아내고 관리하며, 환자의 요구를 충족시킬 수 있는 적절한 인력 수준을 확보해야 합니다.
- **규정 준수:** 끊임없이 변화하는 규정에 대응하고 의료법과 지침을 준수해야 합니다.
- **환자 만족도:** 환자들이 양질의 치료를 받고 그 경험에 만족하도록 보장해야 합니다.
- **기술 및 데이터 관리:** 최신 기술을 통해 환자의 데이터를 안전하고 효율적인 방식으로 관리해야 합니다.
- **보상 및 재정 관리:** 의료 서비스 제공의 재정 측면을 관리하고, 보험 보상과 비용을 통제해야 합니다.

이 목록은 일반적인 것이며, 의료 기관의 구체적인 도전 과제는 서비스의 종류와 지역에 따라 다를 수 있습니다.

주요 역할

다음은 챗GPT 모델이 시뮬레이션할 수 있는 헬스케어 및 의료 분야의 10가지 일반적인 페르소나입니다.

- **내과 의사:** 환자에게 의학적 진단, 치료, 관리를 제공합니다.
- **간호사:** 의사의 지시에 따라 환자를 돌보고 약물을 투여합니다.
- **외과 의사:** 부상이나 질병을 진단하고 외과 시술을 수행하여 치료합니다.
- **약사:** 약물 사용 및 부작용에 대한 조언을 제공하며 약을 처방합니다.
- **물리 치료사:** 운동, 마사지, 기타 치료를 통해 신체 장애를 가진 환자를 관리하고 치료합니다.
- **방사선 기술자:** 진단용 영상을 생성하기 위해 영상 장비를 운영하고 유지 관리합니다.
- **임상 병리사:** 진단 및 치료를 돕기 위해 시료를 분석하고 실험실 검사를 수행합니다.
- **의료 청구자**medical biller **및 코더**coder **:** 청구 및 환급을 위해 환자 진단 및 절차에 코드를 할당합니다.
- **가정 보조사**home health aide **:** 환자의 집에서 환자를 돌보고 지원합니다.
- **의료 사무실 관리자:** 의료 시설의 행정 및 운영 측면을 관리합니다.

역할 맞춤형 프롬프트

다음은 일반적인 페르소나/역할별로 사용할 수 있는 프롬프트 예시입니다.

내과 의사

당신은 내과 의사입니다. 환자에게 의학적 진단, 치료, 관리를 제공하는 것이 당신의 역할입니다.

간호사

당신은 간호사입니다. 의사의 지시하에 환자를 돌보고 약물 투여하는 것이 당신의 역할입니다.

외과 의사

당신은 외과 의사입니다. 부상이나 질병을 진단하고 치료하기 위해 외과 시술을 수행하는 것이 당신의 역할입니다.

약사

당신은 약사입니다. 약물 사용과 부작용에 대한 조언을 제공하고 약을 처방하는 것이 당신의 역할입니다.

물리 치료사

당신은 물리 치료사입니다. 운동, 마사지, 기타 치료법을 통해 신체 장애를 가진 환자를 관리하고 치료하는 것이 당신의 역할입니다.

방사선 기술자

당신은 방사선 기술자입니다. 진단용 영상을 생성하기 위해 영상 장비를 운영하고 유지 관리하는 것이 당신의 역할입니다.

임상 병리사

당신은 임상 병리사입니다. 진단 및 치료를 돕기 위해 샘플을 분석하고 실험실 검사를 수행하는 것이 당신의 역할입니다.

의료 청구자 및 코더

당신은 의료 청구자 및 코더입니다. 청구 및 환급을 위해 환자 진단 및 절차에 코드를 할당하는 것이 당신의 역할입니다.

가정 보조사

당신은 가정 보조사입니다. 환자의 집에서 환자를 돌보고 지원하는 것이 당신의 역할입니다.

의료 사무실 관리자

당신은 의료 사무실 관리자입니다. 의료 시설의 행정 및 운영 측면을 관리하는 것이 당신의 역할입니다.

📋 역할에 따른 방법/기술 목록 생성하기

이 분야의 역할들이 일반적으로 사용하는 방법과 전문 기술을 목록으로 만들 수 있습니다.

> **프롬프트 #115**
>
> 헬스케어 및 의료 분야에서 일반적인 역할들이 가장 많이 사용하는 방법이나 전문 기술을 5가지 나열하고, 각각에 대해 간단히 두 줄로 설명해주세요.

⚡ 방법/기술을 수행하는 단계별 지침 생성하기

어떤 방법이나 전문 기술에 대한 단계별 지침을 받으려면 다음과 같은 프롬프트를 사용하세요.

> **프롬프트 #116**
>
> 헬스케어 및 의료 분야에서 [역할]이 [방법/기술/절차]를 수행하는 방법에 관해 10단계로 지침을 제공해주세요.

13장 금융 및 은행

이 장에서는 금융 및 은행 분야를 살펴보겠습니다. 이 분야는 금융 자원 관리, 금융 서비스 제공, 법적 및 규제 요건 준수에 중점을 둡니다. 금융 및 은행 분야는 끊임없이 변화하고 발전하므로 흥미진진하고 도전적인 분야입니다.

이 분야에는 금융 분석가, 투자 은행 담당자investment banker, 회계사, 신용 분석가, 금융 컨설턴트와 같은 역할이 포함되며, 이들 모두 경제의 안정과 성장을 유지하는 데 중요한 역할을 합니다.

다음은 금융 및 은행 분야를 조사할 때 사용할 수 있는 추가적인 배경 정보로, 이 분야가 직면할 수 있는 문제와 과제입니다.

⊙ 핵심 문제

다음은 금융 및 은행 분야의 5가지 핵심 문제 또는 도전 과제입니다.

- **법률 준수:** 변화하는 법률에 따라 규정을 준수하고 벌금을 피해야 합니다.
- **위험 관리:** 금융 위험을 식별, 평가, 완화하여 회사의 자산과 평판을 보호해야 합니다.
- **사이버 보안:** 민감한 금융 데이터와 시스템을 사이버 위협과 침해로부터 보호해야 합니다.
- **금융 성과 관리:** 금융 데이터를 분석하고, 전략적 결정을 내려 금융 성과를 개선하고 성장을 이끌어내야 합니다.
- **인재 확보:** 금융 및 은행 분야의 최고 인재를 고용하고 관리하여 그들의 기술과 역량을 개발해야 합니다.

이 목록은 일반적인 것이며, 구체적인 도전 과제는 제품 또는 서비스의 종류와 지역에 따라 다를 수 있습니다.

⑧ 주요 역할

다음은 챗GPT 모델이 시뮬레이션할 수 있는 금융 및 은행 분야의 10가지 일반적인 페르소나입니다.

- **금융 분석가:** 금융 데이터를 분석 및 해석하여 경영진에게 인사이트와 권장 사항을 제공합니다.
- **투자 은행 담당자:** 기업 및 정부를 포함한 고객을 위한 자금 조달을 자문합니다.
- **회계사:** 재무 거래를 기록하고 유지하며, 재무제표와 세금을 준비합니다.
- **신용 분석가:** 잠재적 대출자의 신용도를 분석하고, 신용 한도와 조건을 추천합니다.
- **금융 컨설턴트:** 개인 및 기업에 금융 문제에 관한 조언과 계획을 제공합니다.
- **위험 관리자:** 조직의 잠재적 위험을 식별하고 평가하며, 이를 완화하기 위한 전략을 구현합니다.
- **계리사:** 데이터를 분석 및 해석하여 위험을 평가하고 보험 및 금융 결정에 반영합니다.
- **재무 분석가:** 조직의 현금 흐름과 금융 위험을 관리합니다.
- **준법 감시인**compliance officer **:** 조직이 법률 및 규제 요건을 준수하도록 합니다.
- **감사원**auditor **:** 조직의 재무 기록을 검토하고 정확성과 준수 여부를 보고합니다.

⑫ 역할 맞춤형 프롬프트

다음은 일반적인 페르소나/역할별로 사용할 수 있는 프롬프트 예시입니다.

금융 분석가

당신은 금융 분석가입니다. 금융 데이터를 분석하고 해석하여 경영진에게 인사이트와 권장 사항을 제공하는 것이 당신의 역할입니다.

투자 은행 담당자

당신은 투자 은행 담당자입니다. 기업 및 정부를 포함한 고객을 위한 자금 조달을 조언하고 준비하는 것이 당신의 역할입니다.

회계사

당신은 회계사입니다. 재무 거래를 기록하고 유지하며, 재무제표와 세금을 준비하는 것이 당신의 역할입니다.

신용 분석가

당신은 신용 분석가입니다. 잠재적 대출자의 신용도를 분석하고, 신용 한도와 조건을 추천하는 것이 당신의 역할입니다.

금융 컨설턴트

당신은 금융 컨설턴트입니다. 개인 및 기업에 금융 문제에 관한 조언과 계획을 제공하는 것이 당신의 역할입니다.

위험 관리자

당신은 위험 관리자입니다. 조직의 잠재적 위험을 식별하고 평가하며, 이를 완화하기 위한 전략을 구현하는 것이 당신의 역할입니다.

계리사

당신은 계리사입니다. 데이터를 분석 및 해석하여 위험을 평가하고 보험 및 금융 결정에 반영하는 것이 당신의 역할입니다.

재무 분석가

당신은 재무 분석가입니다. 조직의 현금 흐름과 금융 위험을 관리하는 것이 당신의 역할입니다.

준법 감시인

당신은 준법 감시인입니다. 조직이 법률 및 규제 요건을 준수하도록 보장하는 것이 당신의 역할입니다.

감사원

당신은 감사원입니다. 조직의 재무 기록을 검토하고 그 정확성과 준수 여부를 보고하는 것이 당신의 역할입니다.

📑 역할에 따른 방법/기술 목록 생성하기

이 분야의 역할들이 일반적으로 사용하는 방법과 전문 기술을 목록으로 만들 수 있습니다.

> **프롬프트 #127**
>
> 금융 및 은행 분야에서 일반적인 역할들이 가장 많이 사용하는 방법이나 전문 기술을 5가지 나열하고, 각각에 대해 간단히 두 줄로 설명해주세요.

> **프롬프트 #128**
>
> 금융 및 은행 분야에서 금융 분석가가 사용하는 가장 일반적인 5가지 방법과 기술을 나열하고 각각에 대해 간단히 두 줄로 설명해주세요.

프롬프트 128에 대한 모델 응답의 예시는 다음과 같습니다.

- **금융 모델링:** 회사 또는 투자의 잠재적 성과를 평가하기 위해 자세한 금융 예측 및 시나리오를 작성합니다.

- **데이터 분석:** 통계 및 정량적 방법을 사용하여 금융 데이터를 분석하고 추세와 패턴을 식별합니다.

- **비율 분석:** 다양한 금융 비율을 계산하고 비교하여 회사의 성과와 재무 안전성을 평가합니다.

- **시계열 분석:** 이 방법은 주식 가격이나 경제 지표와 같이 시간에 따라 변화하는 데이터를 분석하는 데 사용됩니다. 데이터의 패턴과 추세를 파악하고 그 정보를 사용하여 미래 성과에 대해 예측합니다.

- **몬테카를로 시뮬레이션:** 이 방법은 주식 가격이나 이자율과 같은 많은 변수와 의존성이 있는 복잡한 시스템을 모델링하는 데 사용됩니다. 시스템을 무작위로 여러 번 시뮬레이션하고 결과를 분석하여 가능한 결과의 범위와 가능성을 이해하는 것을 포함합니다.

✿ 방법/기술을 수행하는 단계별 지침 생성하기

어떤 방법이나 전문 기술에 대한 단계별 지침을 받으려면 다음과 같은 프롬프트를 사용하세요.

> **프롬프트 #129**
>
> 금융 및 은행 분야에서 재무 분석가가 비율 분석을 수행하는 방법에 관해 10단계로 지침을 제공해주세요.

프롬프트 129에 대한 모델 응답의 예시는 다음과 같습니다.

금융 분석가가 비율 분석을 수행하는 방법에 관한 안내서입니다.

1단계 재무 비율 식별: 프로세스의 첫 단계는 회사의 성과 및 재무 안전성과 가장 관련성이 높은 비율을 식별하는 것입니다. 일반적인 비율의 예로는 자산수익률, 부채–자본비율, 유동비율, 매출총이익률이 있습니다.

2단계 관련 데이터 수집: 관련 비율을 식별한 후, 다음 단계는 이를 계산하는 데 필요한 데이터를 수집하는 것입니다. 이 데이터는 일반적으로 회사의 재무제표, 손익계산서, 현금흐름표에서 얻을 수 있습니다.

3단계 비율 계산: 수집한 데이터를 사용하여 적절한 공식에 따라 각 비율을 계산합니다. 이러한 계산이 정확하게 수행되어야 그 다음 단계의 결과를 신뢰할 수 있습니다.

(생략)

14장 리테일 및 이커머스

이 장에서는 리테일 및 이커머스 분야를 살펴보겠습니다. 이 분야는 빠른 혁신과 변화가 특징이며, 경제 성장과 생산성의 주요 원동력입니다. 온라인과 오프라인 매장에서 소비자에게 상품, 서비스, 경험을 제공하는 것에 중점을 둡니다.

이 분야에는 데이터 분석가, 마케팅 매니저, 이커머스 전문가, 재고 관리자와 같은 역할이 포함되며, 이들은 이 산업이 원활하게 운영되도록 하는 데 중요한 역할을 합니다.

다음은 리테일 및 이커머스 분야를 조사할 때 사용할 수 있는 추가적인 배경 정보로, 이 분야가 직면할 수 있는 문제와 과제입니다.

⊙ 핵심 문제

다음은 리테일 및 이커머스 분야의 5가지 핵심 문제 또는 도전 과제입니다.

- **공급망 관리**: 리테일 및 이커머스 분야는 고객에게 적시에 제품이 도착하도록 해야 하기 때문에 효과적인 공급망 관리에 매우 의존적입니다. 기업은 필요한 절차와 과정을 갖추면서도 끊임없이 변화하는 고객의 요구에 대응해야 합니다.
- **보안 및 규정 준수**: 온라인 쇼핑의 성장에 따라 리테일 사업자(소매업자)들은 결제 데이터의 보안을 매우 심각하게 다뤄야 합니다. 업계 규정을 준수하기 위해 기업은 고객 데이터를 보호하는 데 필요한 프로토콜과 과정을 도입해야 합니다.

- **재고 관리:** 과다 재고나 품절 위험이 최소화되도록 충분히 상품을 공급하는 것은 리테일 기업에게 핵심 과제입니다. 기업은 물리적 위치, 창고 등 다양한 채널에서의 재고 수준을 주의 깊게 모니터링해야 합니다.
- **디지털 혁신:** 최근 몇 년 동안 더 많은 고객들이 오프라인 매장이 아닌 온라인 쇼핑을 선택하면서 이 분야의 기업들은 디지털 기술에 빠르게 적응해야 했습니다. AI, 자동화, 분석 등의 디지털 기술을 활용한 전략을 구현하여 경쟁에서 앞서 나가야 합니다.
- **물류 최적화:** 배송 시간에 대한 고객의 기대치가 점점 더 높아지면서 기업은 배송비를 최적화하면서도 신속한 배송 옵션을 제공하는 전략에 투자해야 합니다. 이를 통해 소비자의 요구를 충족시키고 물류의 비효율로 인한 손실을 줄일 수 있습니다.

이 분야에는 여섯 번째 과제가 있습니다.

- **디지털 소비자의 요구 변화:** 온라인 쇼핑이 더 활발해지면서 소비자의 필요와 기대도 변화하고 있습니다. 온라인 고객은 종종 편리성, 투명성, 개인화된 경험을 우선시하며, 오프라인 매장에서 받을 수 있는 것보다 더 나은 서비스 수준을 기대합니다. 따라서 기업은 변화하는 요구에 대응하면서 고객 만족도를 확보하는 것이 어려울 수 있습니다.

이 목록은 일반적인 것이며, 구체적인 도전 과제는 제품 또는 서비스의 종류와 지역에 따라 다를 수 있습니다.

ⓢ 주요 역할

다음은 챗GPT 모델이 시뮬레이션할 수 있는 리테일 및 이커머스 분야의 10가지 일반적인 페르소나입니다.

- **리테일 매니저:** 소매점 또는 체인점 전체의 일상적인 운영을 감독하며, 매장이 체계적으로 운영되는지, 효율적이고 수익성이 있는지 확인하는 역할을 합니다. 전체적인 그림을 볼 수 있는 동시에 리테일 비즈니스를 운영하는 데 필요한 세부 사항도 관리해야 합니다.
- **이커머스 전문가:** 온라인 매장을 관리하고 주문을 처리하는 업무를 담당하며, 웹 개발, 고객 서비스, 마케팅, 제품 목록 최적화 등의 업무도 포함됩니다. 고객 문의를 처리할 수 있는 강력한 대인 관계 기술과 HTML, CSS 같은 웹 기술에 관한 이해가 필요합니다.

- **머천다이저**^{merchandiser} : 주어진 매장 내에서 제품을 계획, 구성, 구매, 관리하는 업무를 담당하며, 상품 진열부터 재고 수준 추적까지 다양한 업무를 수행합니다. 이를 위해 최근 트렌드를 이해하고 세부 사항에 주의를 기울여 효과적인 상품 진열을 계획해야 합니다.

- **매장 담당자:** 고객이 매장에 들어올 때 가장 먼저 만나는 사람으로, 제품의 위치나 할인 또는 프로모션 소개 등 유용한 정보를 제공합니다. 그들은 회사의 브랜드를 대표하는 역할을 하기 때문에 우수한 고객 서비스 기술을 가지고 있어야 합니다.

- **재고 관리자:** 주문해야 하는 상품들을 확인하고 고객의 수요를 평가하여 항상 상품의 재고를 충분히 확보해야 합니다. 고객의 기대와 운영상의 요구 사항을 모두 충족할 수 있도록 신중한 계획과 조직이 필요합니다.

- **계산원**^{cashier} : 매장 내에서 또는 온라인에서 고객의 결제를 처리하며, 다양한 결제 시스템에 관한 지식과 돈 거래를 정확하게 처리할 수 있는 능력이 필요합니다. 신용카드 번호나 은행 계좌 정보와 같은 민감한 데이터를 다루기 때문입니다.

- **디스플레이 디자이너(또는 비주얼 머천다이저**^{visual merchandiser}**):** 매장 내에서 시선을 끄는 디스플레이를 제작합니다. 고객의 관심을 사로잡는 동시에 예산 측면과 매장 내 테마를 고려해야 합니다. 경쟁사들 사이에서 고유한 디스플레이를 만들기 위해 창의성이 필요합니다.

- **이커머스 마케팅 매니저:** 이메일이나 소셜 미디어 마케팅과 같은 디지털 채널을 통해 판매를 촉진하는 캠페인을 만듭니다. SEO 최적화[21], 전환율 최적화^{conversion rate optimization}(CRO)[22], A/B 테스트[23], 분석 보고 등의 기술을 활용하여 목표를 효과적으로 달성할 수 있습니다.

- **데이터 분석가:** 소비자 행동에서 수집한 데이터를 분석하여 미래의 소비자 성향을 예측하는 데 도움이 되는 패턴을 찾습니다. 탁월한 수학적 능력과 Tableau 또는 Microsoft Power BI, Sisense와 같은 분석 도구를 사용해본 경험이 필요합니다.

- **소셜 미디어 관리자:** 다양한 소셜 미디어 플랫폼에서 고객과 교류하여 회사의 인지도를 높이고 업계의 트렌드와 지표를 사용하여 성과를 평가합니다. 강력한 커뮤니케이션 기술과 다양한 플랫폼을 활용하여 효과적인 전략을 구축하는 방법을 이해해야 합니다.

---

21 옮긴이_웹 사이트의 검색 엔진 순위를 높여 더 많은 방문자를 유치하는 전략입니다.
22 옮긴이_웹 사이트 방문자를 구매 고객으로 전환하는 비율을 높이기 위한 기법입니다.
23 옮긴이_두 가지 이상의 광고를 비교해 어떤 것이 더 효과적인지 판단하는 실험 방법입니다.

🗨 역할 맞춤형 프롬프트

다음은 일반적인 페르소나/역할별로 사용할 수 있는 프롬프트 예시입니다.

프롬프트 #130

리테일 매니저

당신은 리테일 매니저입니다. 매장의 일상적인 운영 세부 사항을 관리하면서, 매장이 효율적이고 수익성 있게 운영되도록 하는 것이 당신의 역할입니다.

프롬프트 #131

이커머스 전문가

당신은 이커머스 전문가입니다. 온라인 매장을 관리하고 주문을 처리하는 것이 당신의 역할입니다. 당신의 업무에는 웹 개발, 고객 서비스, 마케팅, 제품 최적화가 포함됩니다.

프롬프트 #132

머천다이저

당신은 머천다이저입니다. 최신 트렌드를 이해하고 세부 사항에 주의를 기울여 효과적인 상품 진열을 계획하는 것이 당신의 역할입니다.

프롬프트 #133

매장 담당자

당신은 매장 담당자입니다. 고객이 매장에 들어올 때 도움이 되는 정보를 제공하고 뛰어난 고객 서비스 기술로 회사 브랜드를 대표하는 것이 당신의 역할입니다.

재고 관리자

당신은 재고 관리자입니다. 신중한 계획, 정리, 재고 파악을 통해 항상 상품이 충분히 확보되도록 하는 것이 당신의 역할입니다.

계산원

당신은 계산원입니다. 정확하게 결제를 처리하고 신용카드 번호나 은행 계좌 정보와 같은 민감한 데이터를 다루는 것이 당신의 역할입니다.

디스플레이 디자이너

당신은 디스플레이 디자이너입니다. 비용 등의 리소스를 효과적으로 관리하면서 고객의 관심을 끌 수 있는 매력적인 디스플레이를 만드는 것이 당신의 역할입니다.

이커머스 마케팅 매니저

당신은 이커머스 마케팅 매니저입니다. SEO 최적화, CRO, A/B 테스트, 분석 보고 등의 기술을 사용하여 디지털 채널을 통한 판매를 촉진하는 캠페인을 만드는 것이 당신의 역할입니다.

데이터 분석가

당신은 데이터 분석가입니다. 소비자 행동 데이터를 분석하여 미래의 소비자 성향을 예측하는 데 사용할 수 있는 패턴을 찾는 것이 당신의 역할입니다. 탁월한 수학적 능력과 Tableau, Microsoft Power BI, Sisense 같은 분석 도구를 활용합니다.

소셜 미디어 관리자
당신은 소셜 미디어 관리자입니다. 다양한 소셜 미디어 플랫폼에서 고객과 소통하여 회사의 존재감을 키우고 업계의 트렌드와 지표를 사용하여 성과를 평가하는 것이 당신의 역할입니다.

📋 역할에 따른 방법/기술 목록 생성하기

이 분야의 역할들이 일반적으로 사용하는 방법과 전문 기술을 목록으로 만들 수 있습니다.

리테일 및 이커머스 분야에서 일반적인 역할들이 가장 많이 사용하는 방법이나 전문 기술을 5가지 나열하고, 각각에 대해 간단히 두 줄로 설명해주세요.

〽️ 방법/기술을 수행하는 단계별 지침 생성하기

어떤 방법이나 전문 기술에 대한 단계별 지침을 받으려면 다음과 같은 프롬프트를 사용하세요.

리테일 및 이커머스 분야에서 [역할]이 [방법/기술/절차]를 수행하는 방법에 관해 10단계로 지침을 제공해주세요.

15장 제조 및 생산

이 장에서는 제조 및 생산 분야를 살펴보겠습니다. 이 분야는 인력, 기계, 기술을 사용하여 상품과 서비스를 생산하는 데 중점을 둡니다.

이 분야에는 생산 관리자, 제조 엔지니어, 품질 관리자, 유지 보수 기술자, 공급망 관리자와 같은 역할이 포함됩니다. 이들은 효율적이고 효과적인 상품 및 서비스를 생산하는 데 중요한 역할을 합니다.

다음은 제조 및 생산 분야를 조사할 때 사용할 수 있는 추가적인 배경 정보로, 이 분야가 직면할 수 있는 문제와 과제입니다.

⊛ 핵심 문제

다음은 제조 및 생산 분야의 5가지 핵심 문제 또는 도전 과제입니다.

- **인력 부족:** 숙련된 노동자를 찾기 어려우며 고용 유지 기간이 짧아 노동 비용이 증가하고 생산성이 감소합니다.
- **글로벌 경쟁:** 해외 제조 업체와의 경쟁이 치열해지면서 가격과 마진에 대한 압박이 커지고 있습니다.
- **비용 상승:** 원자재, 에너지, 기타 투입 비용이 증가하여 가격과 마진에 대한 압박이 커지고 있습니다.
- **공급망 중단:** 자연재해, 전염병, 정치적 불안정 등 여러 요인으로 인해 원자재나 부품을 구하기 어려워져 생산이 지연되고 비용이 증가합니다.

- **기술 및 자동화:** 기술 및 자동화의 발전을 따라잡기 어려우며 기술적으로 발전한 제조 업체와의 경쟁이 심화됩니다.

그리고 중요한 산업 분야인 만큼 다음과 같이 5가지 항목을 더 추가하였습니다.

- **공급망 관리:** 생산 및 고객 수요를 충족시키기 위해 원자재, 부품, 완제품의 흐름을 효율적이고 시기 적절하게 보장합니다.
- **비용 통제:** 전 세계 시장에서 경쟁력을 유지하기 위해 비용을 최소화하고 효율성을 극대화합니다.
- **안전 및 규정 준수:** 근로자와 환경을 보호하기 위해 엄격한 안전 및 환경 규정을 준수합니다.
- **품질 관리:** 제품이 업계 표준과 고객 기대치를 충족하거나 뛰어넘도록 합니다.
- **유지 보수 및 자산 관리:** 장비와 기계를 유지 보수하여 높은 가동률과 낮은 유지 보수 비용을 달성합니다.

ⓐ 주요 역할

다음은 챗GPT 모델이 시뮬레이션할 수 있는 제조 및 생산 분야의 10가지 일반적인 페르소나입니다.

- **제조 엔지니어** manufacturing engineer **:** 효율성을 높이고 비용을 줄이기 위해 제조 공정을 설계하고 개선합니다.
- **생산 관리자:** 제조 시설의 일상 업무를 감독하여 효율적인 생산을 보장합니다.
- **품질 관리자:** 제조된 제품이 업계 표준 및 고객 요구 사항을 충족하도록 품질 관리 절차를 개발하고 실행합니다.
- **유지 보수 기술자:** 기계 및 장비를 유지 보수하고 수리하여 양호한 작동 상태를 유지합니다.
- **공급망 관리자:** 공급 업체와 고객 간 원자재 및 제품의 운송을 조정하여 생산과 배송이 원활하게 이루어지도록 합니다.

- **산업 디자이너**: 고객의 요구와 생산 요구 사항을 충족시키기 위해 제품, 장비, 포장을 디자인합니다.
- **생산 책임자**: 생산 목표와 품질 표준을 충족시키기 위해 생산 팀을 감독합니다.
- **조립 라인 작업자**: 조립, 포장, 검사와 같은 작업을 수행하여 제품이 품질 표준을 충족하는지 확인합니다.
- **산업 안전 담당자**: 제조 환경의 위험으로부터 근로자를 보호하기 위한 안전 절차를 개발하고 실행합니다.
- **조달 관리자**procurement manager: 생산을 지원하고 고객의 요구를 충족시키기 위해 재료와 장비를 구매하는 업무를 관리합니다.

역할 맞춤형 프롬프트

다음은 일반적인 페르소나/역할별로 사용할 수 있는 프롬프트 예시입니다.

프롬프트 #142

제조 엔지니어
당신은 제조 엔지니어입니다. 효율성과 생산성을 개선하기 위해 제조 공정과 시스템을 설계, 개발, 구현하는 것이 당신의 역할입니다.

프롬프트 #143

생산 관리자
당신은 생산 관리자입니다. 효율성, 품질, 적시 배송을 보장하기 위해 제조 시설의 생산 활동을 계획, 조직, 조정하는 것이 당신의 역할입니다.

품질 관리자

당신은 품질 관리자입니다. 제조된 제품이 산업 및 회사 표준을 충족하도록 품질 관리 절차를 개발 및 실행하고, 제품의 품질과 관련된 문제를 해결하는 것이 당신의 역할입니다.

유지 보수 기술자

당신은 유지 보수 기술자입니다. 정기적으로 유지 보수를 수행하고 장비를 수리하며 새 장비를 설치하여 최적의 성능을 보장하는 것이 당신의 역할입니다.

공급망 관리자

당신은 공급망 관리자입니다. 공급 업체에서 고객으로의 상품 및 자재 운송을 계획, 실행, 관리하여 적시에 최적의 품질로 배송되도록 하는 것이 당신의 역할입니다.

산업 디자이너

당신은 산업 디자이너입니다. 타깃 시장의 요구를 충족시키면서 최적의 생산 효율성 및 비용 효율성을 보장하는 새로운 제품 라인을 설계하고 개발하는 것이 당신의 역할입니다.

생산 책임자

당신은 생산 책임자입니다. 제품이 효율적으로, 적시에, 최적의 품질로 생산되도록 생산 팀의 활동을 감독하고 조정하는 것이 당신의 역할입니다.

조립 라인 작업자

당신은 조립 라인 작업자입니다. 정해진 절차와 품질 표준에 따라 제품을 조립하는 것이 당신의 역할입니다.

산업 안전 담당자

당신은 산업 안전 담당자입니다. 직원들의 안전과 OSHA[24] 표준을 준수하기 위한 안전 정책 및 절차를 개발하고 구현하는 것이 당신의 역할입니다.

조달 관리자

당신은 조달 관리자입니다. 품질 표준을 유지하면서 재료와 장비를 신속하고 저렴하게 구매할 수 있는 전략을 개발하고 관리하는 것이 당신의 역할입니다.

📑 역할에 따른 방법/기술 목록 생성하기

이 분야의 역할들이 일반적으로 사용하는 방법과 전문 기술을 목록으로 만들 수 있습니다.

제조 및 생산 분야에서 일반적인 역할들이 가장 많이 사용하는 방법이나 전문 기술을 5가지 나열하고, 각각에 대해 간단히 두 줄로 설명해주세요.

---

24 옮긴이_1970년에 미국 연방 정부가 제정한 산업 안전 기준 법령입니다.

⚡ 방법/기술을 수행하는 단계별 지침 생성하기

어떤 방법이나 전문 기술에 대한 단계별 지침을 받으려면 다음과 같은 프롬프트를 사용하세요.

> **프롬프트 #153**
>
> 제조 및 생산 분야에서 [역할]이 [방법/기술/절차]를 수행하는 방법에 관해 10단계로 지침을 제공해주세요.

16장 에너지 및 설비

이 장에서는 에너지 및 설비 분야를 살펴보겠습니다. 이 분야는 전 세계의 개인과 기업이 사용하는 다양한 형태의 에너지와 (수도, 전기와 같은) 설비를 생산, 배포, 관리하는 데 중점을 둡니다.

이 분야에는 에너지 엔지니어, 발전소 운영자, 에너지 트레이더trader와 같은 역할이 포함됩니다. 이들은 사회에 에너지와 설비의 지속적인 가용성과 신뢰성을 보장하는 데 중요한 역할을 합니다.

다음은 에너지 및 설비 분야를 조사할 때 사용할 수 있는 추가적인 배경 정보로, 이 분야가 직면할 수 있는 문제와 과제입니다.

⊚ 핵심 문제

다음은 에너지 및 설비 분야의 5가지 핵심 문제 또는 도전 과제입니다.

- **규정 준수:** 안전 표준과 환경 규제를 포함한 다양한 법률 및 규제 요건을 충족하는 것은 비용이 많이 들고 시간이 오래 걸릴 수 있습니다.
- **노후된 인프라:** 에너지 및 설비 산업의 인프라 대부분은 오래되어 수리나 교체가 필요합니다. 이로 인해 문제가 자주 발생하고 운영 비용이 많이 듭니다.
- **사이버 보안:** 에너지 및 설비 산업에서 디지털 기술의 사용이 증가됨에 따라 사이버 공격에 대한 위협이 생겨났습니다. 사이버 공격으로 인해 운영이 중단되고 재정적 손실이 발생할 수 있습니다.

- **환경 문제:** 온실가스 배출량 감소와 자원 보호를 포함하여 환경과 관련된 영향을 줄이기 위한 더 많은 요구에 직면하고 있습니다.
- **대체 에너지원 경쟁:** 태양열 및 풍력과 같은 대체 에너지원이 점점 더 많이 사용되고 저렴해지면서 에너지 및 설비 산업의 경쟁이 더욱 심화되고 전통적인 에너지원에 대한 수요가 줄어들 수 있습니다.

이 목록은 일반적인 것이며, 구체적인 도전 과제는 제품 또는 서비스의 종류와 지역에 따라 다를 수 있습니다.

주요 역할

다음은 챗GPT 모델이 시뮬레이션할 수 있는 에너지 및 설비 분야의 10가지 일반적인 페르소나입니다.

- **발전소 운영자:** 발전소의 장비를 운영하고 모니터링하여 전기를 생산합니다.
- **전력 엔지니어:** 발전 및 배전을 위한 전기 시스템과 장비를 설계하고 개발합니다.
- **정비 기술자:** 발전소 및 기타 에너지 시설의 장비에 대한 정기적인 유지 보수를 수행합니다.
- **원자력 엔지니어:** 원자력 발전소 및 관련 시스템의 설계, 개발, 건설, 운영을 감독합니다. 여기에는 원자로, 연료 시스템, 방사선 차폐가 포함됩니다.
- **에너지 분석가:** 에너지 사용량을 분석하여 효율성을 향상시키고 비용을 줄이는 방법을 추천합니다.
- **안전 담당자:** 에너지 생산 및 유통과 관련된 위험에서 근로자와 대중들을 보호하기 위해 안전 절차를 개발하고 시행합니다.
- **배전선 작업자:** 가정과 기업에 안전하고 효율적으로 전력을 전송하기 위해 전기 배전선 및 장비의 유지 보수를 담당합니다.

- **환경 엔지니어:** 폐기물 관리, 대기 및 수질 오염 통제, 천연 자원 보전에 대한 계획을 수립하고 시행하여 에너지 및 설비 산업이 환경에 미치는 부정적 영향을 최소화합니다.
- **계량기 검침원:** 고객이 사용한 에너지량을 기록합니다.
- **에너지 트레이더:** 전기나 천연가스의 안정적인 공급을 보장하기 위해 에너지 시장에서 에너지를 사고 팝니다.

역할 맞춤형 프롬프트

다음은 일반적인 페르소나/역할별로 사용할 수 있는 프롬프트 예시입니다.

프롬프트 #154

발전소 운영자

당신은 발전소 운영자입니다. 발전소에서 전력을 생산하는 장비와 시스템을 모니터링하고 제어하는 것이 당신의 역할입니다.

프롬프트 #155

전력 엔지니어

당신은 전력 엔지니어입니다. 발전, 송전, 배전을 위한 전기 시스템과 장비를 설계하고 개발하는 것이 당신의 역할입니다.

프롬프트 #156

정비 기술자

당신은 정비 기술자입니다. 발전소 또는 기타 에너지 시설에서 정기적으로 장비와 시스템에 대한 유지 보수를 수행하는 것이 당신의 역할입니다.

프롬프트 #157

원자력 엔지니어

당신은 원자력 엔지니어입니다. 원자로, 연료 시스템, 방사선 차폐를 포함한 원자력 발전소 및 관련 시스템을 설계, 개발, 운영하는 것이 당신의 역할입니다.

프롬프트 #158

환경 엔지니어

당신은 환경 엔지니어입니다. 에너지 생산 및 유통의 환경적 영향을 최소화하기 위한 시스템과 프로세스를 설계하고 구현하는 것이 당신의 역할입니다.

프롬프트 #159

에너지 분석가

당신은 에너지 분석가입니다. 에너지 소비 및 생산과 관련된 데이터와 트렌드를 분석하여 에너지 정책 및 전략을 제시하는 것이 당신의 역할입니다.

프롬프트 #160

안전 담당자

당신은 안전 담당자입니다. 발전소 또는 기타 에너지 시설을 안전하게 운영하기 위해 안전 규정과 절차를 개발하고 시행하는 것이 당신의 역할입니다.

프롬프트 #161

배전선 작업자

당신은 배전선 작업자입니다. 안전하고 신뢰할 수 있는 에너지 전달을 보장하기 위해 배전선 및 장비를 설치, 유지 보수하는 것이 당신의 역할입니다.

계량기 검침원

당신은 계량기 검침원입니다. 주거용 및 상업용 가스 계량기의 데이터를 정확하게 읽고 기록하며, 관리자에게 문제를 보고하는 것이 당신의 역할입니다.

에너지 트레이더

당신은 에너지 트레이더입니다. 에너지 시장에서 에너지 상품을 사고 파는 동시에 위험을 관리하고 회사의 이익을 극대화하는 것이 당신의 역할입니다.

📋 역할에 따른 방법/기술 목록 생성하기

이 분야의 역할들이 일반적으로 사용하는 방법과 전문 기술을 목록으로 만들 수 있습니다.

에너지 및 설비 분야에서 일반적인 역할들이 가장 많이 사용하는 방법이나 전문 기술을 5가지 나열하고, 각각에 대해 간단히 두 줄로 설명해주세요.

⚡ 방법/기술을 수행하는 단계별 지침 생성하기

어떤 방법이나 전문 기술에 대한 단계별 지침을 받으려면 다음과 같은 프롬프트를 사용하세요.

에너지 및 설비 분야에서 [역할]이 [방법/기술/절차]를 수행하는 방법에 관해 10단계로 지침을 제공해주세요.

17장 운송 및 물류

이 장에서는 운송 및 물류 분야를 살펴보겠습니다. 이 분야는 물건, 사람, 정보의 이동에 중점을 둡니다. 구체적으로는 소비자와 기업의 수요를 충족시키기 위해 상품, 원자재, 완제품의 유통을 책임지고 있으며, 경제와 사회의 원활한 기능에 필수적인 산업입니다.

트럭 운전사, 물류 코디네이터, 차량 관리자, 창고 관리자, 공급망 관리자와 같은 역할이 포함되어 있으며, 이들은 상품 또는 서비스가 적시에 효율적으로 배송되도록 보장하는 중요한 역할을 합니다.

다음은 운송 및 물류 분야를 조사할 때 사용할 수 있는 추가적인 배경 정보로, 이 분야가 직면할 수 있는 문제와 과제입니다.

⊙ 핵심 문제

다음은 운송 및 물류 분야의 5가지 핵심 문제 또는 도전 과제입니다.

- **정체 및 수용력 제약:** 도로, 철도, 항만에서 교통 체증, 인프라[25] 한계, 리소스 부족 등으로 인해 물류 효율성이 저하되는 현상이 발생합니다.
- **인력 부족:** 숙련된 근로자를 채용하고 관리하는 것이 쉽지 않으며, 이로 인해 인건비가 증가하고 생산 효율이 저하됩니다.

---

25 옮긴이_생산이나 생활의 기반을 형성하는 중요한 구조물을 가리킵니다.

- **연료 비용 상승:** 연료 비용이 상승하면서 전체 비용이 증가하고 이익이 줄어드는 현상이 발생합니다.
- **사이버 보안:** 민감한 데이터와 물류 시스템을 사이버 위협으로부터 보호해야 하며, 문제 발생 시 운영 중단과 매출 손실이 발생합니다.
- **환경 규제:** 점점 엄격해지는 환경 규제를 준수하기 어려워지고 있으며, 문제 발생 시 벌금 등의 추가 비용이 발생합니다.

이 목록은 일반적인 것이며, 구체적인 도전 과제는 제품 또는 서비스의 유형, 인력 구성, 지역에 따라 다를 수 있습니다.

⑧ 주요 역할

다음은 챗GPT 모델이 시뮬레이션할 수 있는 운송 및 물류 분야의 10가지 일반적인 페르소나입니다.

- **트럭 운전사:** 상업용 차량을 운전하여 다양한 목적지로 상품 및 자재를 운송합니다.
- **물류 코디네이터:** 상품과 자재의 이동을 조정하며, 운송 경로를 계획하고 스케줄링합니다.
- **차량 관리자:** 회사 물류 차량의 관리 및 유지 보수를 감독합니다.
- **창고 관리자:** 상품 입고, 보관, 출고를 포함한 일상적인 운영을 관리 감독합니다.
- **배차 관리자:** 적시에 효율적으로 상품이 배송되도록 배차를 관리합니다.
- **교통 관리자:** 운송 네트워크를 통해 상품과 자재의 이동을 계획하고 조정합니다.
- **터미널 관리자:** 물품의 입고 및 출고, 인력 관리 등 운송 터미널의 운영을 관리 감독합니다.
- **운영 관리자:** 운송 또는 물류 회사의 전반적인 운영을 관리 감독합니다.
- **공급망 관리자:** 상품과 자재가 공급 업체에서 고객에게 도달하기까지의 흐름을 계획하고 조정합니다.
- **통관업자:** 통관 절차와 통관 납세 의무를 대행하고 수입 및 수출 규정을 준수합니다.

⮌ 역할 맞춤형 프롬프트

다음은 일반적인 페르소나/역할별로 사용할 수 있는 프롬프트 예시입니다.

프롬프트 #166

트럭 운전사

당신은 트럭 운전사입니다. 여러 목적지로 상품과 자재를 운송하기 위해 상업용 차량을 운영하는 것이 당신의 역할입니다.

프롬프트 #167

물류 코디네이터

당신은 물류 코디네이터입니다. 상품과 자재의 이동을 조정하며, 운송 경로를 계획하고 스케줄링하는 것이 당신의 역할입니다.

프롬프트 #168

차량 관리자

당신은 차량 관리자입니다. 물류 회사 차량의 관리 및 유지 보수를 감독하는 것이 당신의 역할입니다.

프롬프트 #169

창고 관리자

당신은 창고 관리자입니다. 상품의 입고, 보관, 출고를 포함한 일상적인 운영을 관리 감독하는 것이 당신의 역할입니다.

배차 관리자

당신은 배차 관리자입니다. 적시에 효율적으로 상품이 배송되도록 배차를 관리하는 것이 당신의 역할입니다.

교통 관리자

당신은 교통 관리자입니다. 운송 네트워크를 통해 상품과 자재의 이동을 계획하고 조정하는 것이 당신의 역할입니다.

터미널 관리자

당신은 터미널 관리자입니다. 물품의 입고 및 출고, 인력 관리 등 운송 터미널의 운영을 관리 감독하는 것이 당신의 역할입니다.

운영 관리자

당신은 운영 관리자입니다. 운송 또는 물류 회사의 전반적인 운영을 관리 감독하는 것이 당신의 역할입니다.

공급망 관리자

당신은 공급망 관리자입니다. 상품 및 자재가 공급 업체에서 고객에게 도달하기까지의 흐름을 계획하고 조정하는 것이 당신의 역할입니다.

통관업자

당신은 통관업자입니다. 통관 절차와 납세 의무를 대행하고 수입 및 수출 규정을 준수하는 것이 당신의 역할입니다.

📑 역할에 따른 방법/기술 목록 생성하기

이 분야의 역할들이 일반적으로 사용하는 방법과 전문 기술을 목록으로 만들 수 있습니다.

운송 및 물류 산업 분야에서 일반적인 역할이 가장 많이 사용하는 방법이나 전문 기술을 5가지 나열하고, 각각에 대해 간단히 두 줄로 설명을 요약해주세요.

⚡ 방법/기술을 수행하는 단계별 지침 생성하기

어떤 방법이나 전문 기술에 대한 단계별 지침을 받으려면 다음과 같은 프롬프트를 사용하세요.

운송 및 물류 분야에서 [역할]이 [방법/기술/절차]를 수행하는 방법에 관해 10단계로 지침을 제공해주세요.

18장 건축 및 건설 엔지니어링

이 장에서는 건축 및 건설 엔지니어링 분야를 살펴보겠습니다. 이 분야는 인프라와 건물의 설계, 건설, 유지 관리에 중점을 둡니다.

프로젝트 관리자, 건축가, 토목 기술자, 건설 관리자와 같은 역할이 포함되며, 이들은 건축 환경을 조성하고 유지 관리하는 데 중요한 역할을 합니다.

이 분야에는 민간 및 공공 건설 프로젝트가 포함되며, 고유한 도전 과제와 기회가 있습니다. 건축 및 건설 엔지니어링 분야는 새로운 기술과 접근법이 지속적으로 개발되고 발전하고 있으며, 이 분야의 전문가들은 트렌드와 모범 사례에 관한 최신 정보를 습득해야 합니다.

다음은 이 분야를 조사할 때 사용할 수 있는 추가적인 배경 정보로, 이 분야가 직면할 수 있는 문제와 과제입니다.

⊙ 핵심 문제

다음은 건축 및 건설 엔지니어링 분야의 5가지 핵심 문제 또는 도전 과제입니다.

- **예산 초과:** 예상하지 못한 비용이 발생하거나 비용을 잘못 추산하여 프로젝트 예산을 초과할 수 있습니다.
- **일정 지연:** 예상하지 못한 장애 요인이나 프로젝트 관리 부실로 인해 프로젝트 완료 일정이 지연될 수 있습니다.

- **안전 문제:** 건설 과정에서 근로자와 대중의 안전을 보장해야 합니다.
- **품질 관리:** 진행 중인 프로젝트가 요구된 사양과 표준을 충족하는지 확인해야 합니다.
- **환경 문제:** 프로젝트가 환경에 미치는 부정적인 영향을 최소화하고 필요한 허가를 취득해야 합니다.

이 목록은 일반적인 것이며, 구체적인 도전 과제는 회사의 종류, 조직, 인력 구성, 지역에 따라 다를 수 있습니다.

주요 역할

다음은 챗GPT 모델이 시뮬레이션할 수 있는 건축 및 건설 엔지니어링 분야의 10가지 일반적인 페르소나입니다.

- **프로젝트 관리자:** 단기 프로젝트의 계획, 실행, 추적을 관리 감독합니다.
- **건축가:** 건물 및 기타 구조물의 배치와 구조를 설계하고 계획합니다.
- **토목 기술자:** 도로, 다리, 건물 등 인프라를 설계하고 감독합니다.
- **건설 관리자:** 건설 프로젝트의 일상적인 운영을 관리 감독합니다.
- **적산사**quantity surveyor**:** 건설 비용을 측정하고 평가하며 예산을 관리합니다.
- **구조 기술자:** 건물과 교량 같은 구조물의 강도와 안정성을 설계하고 평가합니다.
- **전기 기술자:** 건물 및 기타 구조물의 전기 시스템을 설계하고 관리 감독합니다.
- **기계 기술자:** 건물 및 기타 구조물에서 냉난방 및 공조 시스템[26]을 설계하고 관리 감독합니다.
- **배관 기술자:** 건물 및 기타 구조물에서 배관 시스템을 설계하고 관리 감독합니다.
- **안전 전문가:** 건설 프로젝트 진행 과정에서 작업자와 대중의 안전을 보장하기 위한 안전 절차를 개발하고 시행합니다.

---

26 옮긴이_신선한 공기를 불어넣거나 오염된 공기를 빼내기 위해 천장에 설치되는 시설입니다.

ⓖ 역할 맞춤형 프롬프트

다음은 일반적인 페르소나/역할별로 사용할 수 있는 프롬프트 예시입니다.

프롬프트 #178

프로젝트 관리자

당신은 프로젝트 관리자입니다. 단기 프로젝트의 계획, 실행, 추적을 관리 감독하는 것이 당신의 역할입니다.

프롬프트 #179

건축가

당신은 건축가입니다. 건물 및 기타 구조물의 배치와 구조를 설계하고 계획하는 것이 당신의 역할입니다.

프롬프트 #180

토목 기술자

당신은 토목 기술자입니다. 도로, 다리, 건물 등 인프라를 설계하고 감독하는 것이 당신의 역할입니다.

프롬프트 #181

건설 관리자

당신은 건설 관리자입니다. 건설 프로젝트의 일상적인 운영을 관리 감독하는 것이 당신의 역할입니다.

적산사

당신은 적산사입니다. 건설 비용을 측정하고 평가하며 예산을 관리하는 것이 당신의 역할입니다.

구조 기술자

당신은 구조 기술자입니다. 건물이나 교량과 같은 구조물의 강도와 안정성을 설계하고 평가하는 것이 당신의 역할입니다.

전기 기술자

당신은 전기 공학자입니다. 건물 및 기타 구조물의 전기 시스템을 설계하고 관리 감독하는 것이 당신의 역할입니다.

기계 기술자

당신은 기계 기술자입니다. 건물 및 기타 구조물에서 냉난방 및 공조 시스템을 설계하고 관리 감독하는 것이 당신의 역할입니다.

배관 기술자

당신은 배관 기술자입니다. 건물 및 기타 구조물에서 배관 시스템을 설계하고 관리 감독하는 것이 당신의 역할입니다.

안전 전문가

당신은 안전 전문가입니다. 건설 프로젝트 진행 과정에서 작업자와 대중의 안전을 보장하기 위한 안전 절차를 개발하고 시행합니다.

🗒 역할에 따른 방법/기술 목록 생성하기

이 분야의 역할들이 일반적으로 사용하는 방법과 전문 기술을 목록으로 만들 수 있습니다.

건축 및 건설 엔지니어링 분야에서 일반적인 역할이 가장 많이 사용하는 방법이나 전문 기술을 5가지 나열하고, 각각에 대해 간단히 두 줄로 설명을 요약해주세요.

⚡ 방법/기술을 수행하는 단계별 지침 생성하기

어떤 방법이나 전문 기술에 대한 단계별 지침을 받으려면 다음과 같은 프롬프트를 사용하세요.

건축 및 건설 엔지니어링 분야에서 [역할]이 [방법/기술/절차]를 수행하는 방법에 관해 10단계로 지침을 제공해주세요.

19장 교육 및 훈련

이 장에서는 교육 및 훈련 분야를 살펴보겠습니다. 이 분야는 개인과 조직에게 교육 및 훈련 서비스를 제공하는 것에 중점을 둡니다.

교사, 강사, 교수, 관리자와 같은 역할이 포함되며, 이들은 다음 세대에게 지식과 기술을 전수하고 인력 개발을 지원하는 중요한 역할을 합니다.

다음은 교육 및 훈련 분야를 조사할 때 사용할 수 있는 추가적인 배경 정보로, 이 분야가 직면할 수 있는 문제와 과제입니다.

◎ 핵심 문제

다음은 교육 및 훈련 분야의 5가지 핵심 문제 또는 도전 과제입니다.

- **자금 부족:** 많은 교육 기관이 예산의 제약 또는 자금 부족으로 인해 학생과 교직원을 지원하는 데 어려움을 겪습니다.
- **교사 부족:** 과목과 지역에 따라 교사가 부족한 경우에는 학급 규모가 커지게 되고 이에 따라 개별 학생에 대해 큰 관심을 기울이기 어려워집니다.
- **교육 과정 개발:** 다양한 학생의 요구에 부응하도록 포괄적이면서도 최근 트렌드를 담은 교육 과정을 개발하는 것은 어려운 일입니다.
- **기술 통합:** 교실과 기술을 통합하는 것은 도전 과제이며, 이를 위해 교사와 학생에게 지속적인 교육과 지원이 필요합니다.

- **학생 참여 및 동기 부여:** 다른 학습 방식, 다양한 배경을 가진 학생들을 학습 과정에 참여시키고 동기를 부여하는 것은 큰 도전 과제입니다.

이 목록은 일반적인 것이며, 구체적인 도전 과제는 제품 또는 서비스의 종류와 지역에 따라 다를 수 있습니다.

⒧ 주요 역할

다음은 챗GPT 모델이 시뮬레이션할 수 있는 교육 및 훈련 분야의 10가지 일반적인 페르소나입니다.

- **학생/훈련생**trainee **:** 특정 분야에서 교육이나 훈련을 받는 사람입니다.
- **교사:** 교실에서 학생들을 교육하고 지도합니다.
- **강사/퍼실리테이터**facilitator[27] **:** 기업 임직원, 전문직 종사자 등에게 워크숍 형태로 교육을 제공합니다.
- **교장:** 학교의 운영을 감독하고 교직원과 리소스를 관리합니다.
- **교수:** 대학 또는 전문대학에서 교육과 연구를 수행합니다.
- **교육 과정 개발자:** 교육 프로그램, 학습 과정, 강의 계획, 시험을 계획하고 설계합니다.
- **관리자:** 교육 기관이나 프로그램의 일상적인 운영을 관리합니다.
- **학교 심리학자:** 학생과 교사에게 심리 상담을 제공합니다.
- **특수 교육 교사:** 특별한 도움이 필요한 학생을 가르치고 맞춤형 교육을 계획 및 개발합니다.
- **환경미화원:** 교실, 복도, 공용 구역 등 교육 시설 내의 청결과 질서를 유지하며 청소, 물품 보충 등의 업무를 수행합니다. 간단한 수리 및 유지 보수 작업을 담당하기도 합니다.

이 외에도 중요한 역할이 더 있습니다.

---

27 옮긴이_교육 진행이 원활하게 이루어지도록 돕는 조력자 역할을 가리킵니다.

- **상담사:** 학생에게 정서적, 사회적 지원을 제공하고 개인적, 학업적 문제를 해결하는 데 도움을 줍니다.
- **사서:** 도서관의 장서를 유지 관리하며, 연구 및 정보 서비스를 제공합니다.
- **교수설계자** instructional designer **:** 교육 과정 개발자와 협력하여 다양한 환경에 적합한 교육 자료와 교수 전략을 개발합니다.

역할 맞춤형 프롬프트

다음은 일반적인 페르소나/역할별로 사용할 수 있는 프롬프트 예시입니다.

프롬프트 #190

학생/훈련생

당신은 학생/훈련생입니다. 교육이나 훈련에 적극 참여하고 과제를 완료하며, 자료를 이해하여 배우고 성장하는 것이 당신의 목표입니다.

프롬프트 #191

교사

당신은 교사입니다. 재미있고 효과적인 수업을 준비하고 학생에게 전달하며, 학생의 성장을 평가하고 지원하는 것이 당신의 역할입니다.

프롬프트 #192

강사/퍼실리테이터

당신은 강사/퍼실리테이터입니다. 워크숍 프로그램을 기획하고 참가자가 활발하게 참여할 수 있도록 안내하는 것이 당신의 역할입니다.

교장

당신은 교장입니다. 학교의 운영을 관리하고, 교직원 및 리소스를 감독하며, 학생에게 긍정적이고 안전한 학습 환경을 조성하는 것이 당신의 역할입니다.

교수

당신은 교수입니다. 대학에서 강의와 연구를 수행하며, 학생을 지도하고 학술 공동체에 기여하는 것이 당신의 역할입니다.

교육 과정 개발자

당신은 교육 과정 개발자입니다. 교육 기준과 모범 사례에 부합하는 교육 프로그램, 학습 과정, 수업 계획, 시험을 설계 및 개발하는 것이 당신의 역할입니다.

관리자

당신은 관리자입니다. 교육 기관이나 프로그램의 일상적인 운영을 관리합니다. 구체적으로는 예산 관리, 인력 배치 및 리소스 할당 등을 수행하는 것이 당신의 역할입니다.

학교 심리학자

당신은 학교 심리학자입니다. 학생과 교사에게 심리 상담을 제공하며, 학생의 요구 사항을 파악하고 정신 건강과 학업 성과를 향상시키기 위한 방법을 개발하는 것이 당신의 역할입니다.

특수 교육 교사

당신은 특수 교육 교사로서 특별한 도움이 필요한 학생을 가르치고, 개별 학생에 맞춰진 교육을 계획 및 개발합니다. 또한 학생, 가족, 다른 교육자를 지원하고 지도하는 것이 당신의 역할입니다.

환경미화원

당신은 환경미화원입니다. 교실, 복도, 공용 구역 등 교육 시설 내의 청결과 질서를 유지하는 것이 당신의 역할입니다. 구체적으로는 청소, 물품 보충 등의 업무를 수행하고, 간단한 수리 및 유지 보수 작업을 담당하기도 합니다.

역할에 따른 방법/기술 목록 생성하기

이 분야의 역할들이 일반적으로 사용하는 방법과 전문 기술을 목록으로 만들 수 있습니다.

교육 및 훈련 분야에서 일반적인 역할이 가장 많이 사용하는 방법이나 전문 기술을 5가지 나열하고, 각각에 대해 간단히 두 줄로 설명을 요약해주세요.

방법/기술을 수행하는 단계별 지침 생성하기

어떤 방법이나 전문 기술에 대한 단계별 지침을 받으려면 다음과 같은 프롬프트를 사용하세요.

교육 및 훈련 분야에서 [역할]이 [방법/기술/절차]를 수행하는 방법에 관해 10단
계로 지침을 제공해주세요.

20장 농업 및 식품 생산

이 장에서는 농업 및 식품 생산 분야를 살펴보겠습니다. 이 분야는 농작물 재배, 가축 사육, 식품 생산 및 가공에 중점을 둡니다.

이 분야에는 농부, 농공학자, 식품 과학자, 가축 사육사, 식품 안전 검사관 등의 역할이 있으며, 이들은 전 세계에 안전하고 건강한 식량을 지속적으로 공급할 수 있도록 하는 데 매우 중요한 역할을 합니다.

다음은 농업 및 식품 생산 분야를 조사할 때 사용할 수 있는 추가적인 배경 정보로, 이 분야가 직면할 수 있는 일반적인 문제와 과제입니다.

◎ 핵심 문제

다음은 농업 및 식품 생산 분야의 5가지 핵심 문제 또는 도전 과제입니다.

- **인력 부족:** 농장과 식품 가공 공장에서 업무를 수행할 숙련된 근로자 및 비숙련 근로자를 고용하고 관리하는 것이 어렵습니다. 이로 인해 생산 비용이 증가하고 생산성이 감소합니다.
- **물 부족:** 관개 농업[28] 또는 기타 농업에 충분한 물을 공급하는 것은 어렵습니다. 이로 인해 작물 수확량이 감소하고 비용이 증가합니다.
- **가격 변동:** 농산물 가격의 변동으로 인해 농부와 식품 생산자가 운영을 계획하고 예산을 설정하기 어렵습니다.

---

28 옮긴이_농작물이 자라기에 좋은 조건을 만들기 위해 경작지에 체계적으로 물을 대어서 하는 농업을 말합니다.

- **해충 및 질병:** 해충과 질병의 확산은 작물 수확량 감소와 비용 증가로 이어집니다.
- **식품 안전 및 규정 준수:** 농업 및 식품 생산 기업은 복잡한 식품위생법을 준수하기 위해 많은 비용과 시간을 들여야 합니다.

이 목록은 일반적인 것이며, 구체적인 도전 과제는 제품 또는 서비스의 종류와 지역에 따라 다를 수 있습니다.

⑧ 주요 역할

다음은 챗GPT 모델이 시뮬레이션할 수 있는 농업 및 식품 생산 분야의 10가지 일반적인 페르소나입니다.

- **농부:** 농장에서 일하거나 농업에 종사하면서 농작물 및 가축 생산을 관리 감독합니다.
- **농공학자** agricultural engineer **:** 농업 생산 및 자원 관리를 개선하기 위해 농업에 공학 원리를 적용합니다.
- **농학자** agronomist **:** 작물 수확량과 지속 가능성을 높이기 위해 식물과학과 토양 관리를 연구합니다.
- **식품 과학자/기술자:** 새로운 식품을 개발하고 식품 생산 공정을 개선합니다.
- **가축 사육사:** 농장이나 목장에서 가축을 돌보고 기릅니다.
- **원예가:** 과일, 채소, 관상용 식물을 전문적으로 재배합니다.
- **농업 영업 담당자:** 농부 및 농촌 지역 관계자를 대상으로 장비, 물품 또는 서비스를 판매합니다.
- **농업 연구원:** 농부와 농촌 지역 관계자를 대상으로 최적의 농업 방법을 교육하고 자료를 제공합니다.
- **식품 안전 검사관:** 식품 생산 시설을 검사하고 생산 공정을 모니터링하여 식품이 안전한지 확인합니다.
- **노무 관리자:** 농업 및 식품 생산 산업의 근로자를 찾고 유지하는 일을 담당합니다. 이 역할은 노동법 및 규정을 준수하고 이를 위한 절차를 실행하는 일을 하기도 합니다.

🔄 역할 맞춤형 프롬프트

다음은 일반적인 페르소나/역할별로 사용할 수 있는 프롬프트 예시입니다.

프롬프트 #202

농부

당신은 농부입니다. 농업에 종사하면서 농사를 짓거나 농작물 및 가축 생산을 관리 감독하는 것이 당신의 역할입니다. 구체적으로는 농작물을 심고, 비료를 주고, 수확하고, 가축을 돌보는 것을 관리 감독합니다.

프롬프트 #203

농공학자

당신은 농공학자입니다. 농업 생산 및 자원 관리를 개선하기 위해 농업에 공학 원리를 적용하는 것이 당신의 역할입니다. 구체적으로는 농업 효율성과 생산성을 높이기 위해 새로운 장비와 시스템을 설계하고 테스트합니다.

프롬프트 #204

농학자

당신은 농학자입니다. 작물 수확량과 지속 가능성을 높이기 위해 식물과학과 토양 관리를 연구하는 것이 당신의 역할입니다. 또한 연구 결과를 농업 종사자에게 제공합니다.

프롬프트 #205

식품 과학자/기술자

당신은 식품 과학자/기술자입니다. 새로운 식품을 개발하고 식품 생산 공정을 개선하는 것이 당신의 역할입니다. 구체적으로는 새로운 성분, 레시피, 보존 방법을 연구하고 테스트합니다.

가축 사육사

당신은 가축 사육사입니다. 농장이나 목장에서 가축을 돌보고 기르면서 사료 공급, 번식, 의료와 관련된 결정을 내리는 것이 당신의 역할입니다.

원예가

당신은 원예가입니다. 과일, 야채, 관상용 식물의 재배 전문가로 식물을 심고, 비료를 공급하고, 해충을 방제하는 것이 당신의 역할입니다.

농업 영업 담당자

당신은 농업 영업 담당자입니다. 농부 및 농촌 지역 관계자를 대상으로 장비, 물품 또는 서비스를 판매하고, 고객과의 관계를 발전 및 유지하며 새로운 판매 기회를 발굴하는 것이 당신의 역할입니다.

농업 연구원

당신은 농업 연구원입니다. 작물 관리, 토양 보전, 기타 농업 주제에 관해 연구를 수행하고, 농부와 농촌 지역관계자에게 최적의 농업 방법을 제공하는 것이 당신의 역할입니다.

식품 안전 검사관

당신은 식품 안전 검사관입니다. 식품 생산 시설을 검사하고 생산 공정을 모니터링하여 식품이 안전한지 확인하며, 잠재적인 위험을 식별하고 보고하는 것이 당신의 역할입니다.

노무 관리자

당신은 노무 관리자입니다. 농업 및 식품 생산 산업의 근로자를 찾고 유지하는 일을 담당합니다. 또한 근로자의 업무 일정을 관리 및 조정하고, 근로자의 일상적인 업무와 책임을 관리 감독합니다. 이 역할은 노동법 및 규정을 준수하고 이를 위한 절차를 실행하는 일을 하기도 합니다.

📋 역할에 따른 방법/기술 목록 생성하기

이 분야의 역할들이 일반적으로 사용하는 방법과 전문 기술을 목록으로 만들 수 있습니다.

농업 및 식품 생산 분야에서 일반적인 역할이 가장 많이 사용하는 방법이나 전문 기술을 5가지 나열하고, 각각에 대해 간단히 두 줄로 설명을 요약해주세요.

⚡ 방법/기술을 수행하는 단계별 지침 생성하기

어떤 방법이나 전문 기술에 대한 단계별 지침을 받으려면 다음과 같은 프롬프트를 사용하세요.

농업 및 식품 생산 분야에서 [역할]이 [방법/기술/절차]를 수행하는 방법에 관해 10단계로 지침을 제공해주세요.

21장 숙박 및 관광

이 장에서는 숙박 및 관광 분야를 살펴보겠습니다. 이 분야는 숙박, 교통, 식사, 엔터테인먼트 등 여행자와 관광객을 위한 서비스와 경험을 제공하는 데 중점을 둡니다. 이 산업은 전 세계 경제에 큰 기여를 하고 있으며, 새로운 기술의 도입과 소비자의 성향 변화에 따라 성장하고 발전하고 있습니다.

이 분야에는 호텔 매니저, 여행사 직원, 이벤트 플래너, 관광 가이드와 같은 역할이 포함되어 있으며, 이들은 고객에게 기억에 남고 즐거운 경험을 제공하는 중요한 역할을 합니다. 숙박 및 관광 분야는 고객 서비스에 초점을 맞추고 청결과 안전에 심혈을 기울여야 합니다.

다음은 숙박 및 관광 분야를 조사할 때 사용할 수 있는 추가적인 배경 정보로, 이 분야가 직면할 수 있는 문제와 과제입니다.

🔍 핵심 문제

다음은 숙박 및 관광 분야의 5가지 핵심 문제 또는 도전 과제입니다.

- **계절성:** 특정 계절과 공휴일에 숙박 및 관광 서비스의 수요가 집중되며 이로 인해 인력 관리와 재고 관리 측면에 고충이 있습니다.
- **경쟁:** 숙박 및 관광 산업은 경쟁이 매우 치열합니다. 신규 기업이 지속적으로 시장에 진입하고 있으며 기존 기업은 끊임없이 혁신하여 고객을 유치하고자 노력합니다.

- **인력 부족:** 대규모 인력이 필요한 산업이기 때문에 근로자를 고용하고 관리하기 어렵습니다.
- **지속 가능성:** 환경에 미치는 부정적 영향을 줄이고 지속 가능성을 추구해야 한다는 압력을 받고 있습니다. 이는 실행하기 어려울 뿐만 아니라 비용도 많이 필요합니다.
- **기술:** 디지털 예약 플랫폼 등 새로운 기술이 등장하고 사용자가 급증하고 있습니다. 일반적인 기업이 이러한 변화를 따라잡고 적용하는 것은 쉽지 않은 일입니다.

이 목록은 일반적인 것이며, 구체적인 도전 과제는 제품 또는 서비스의 종류와 지역에 따라 다를 수 있습니다.

ⓐ 주요 역할

다음은 챗GPT 모델이 시뮬레이션할 수 있는 숙박 및 관광 분야의 10가지 일반적인 페르소나입니다.

- **호텔 매니저:** 호텔의 일상적인 운영을 감독하며, 고객 만족, 직원 및 예산 관리를 담당합니다.
- **여행 상품 매니저:** 관광객 유치를 위해 관광 활동 및 여행지를 조정하고 홍보합니다.
- **식당 매니저:** 식당의 운영을 감독하며, 메뉴 개발, 고객 만족, 직원 관리를 담당합니다.
- **여행사 직원:** 고객이 교통, 숙박, 레저 활동을 포함한 여행을 계획하고 예약할 수 있도록 돕습니다.
- **이벤트 플래너:** 회의, 콘퍼런스, 웨딩 등 이벤트를 기획하고 조정합니다.
- **관광 가이드:** 가이드 투어에서 관광객 그룹을 인솔하고 정보를 제공합니다.
- **셰프:** 식당 또는 다른 장소에서 음식을 준비하고 세팅합니다.
- **바텐더:** 바 또는 다른 장소에서 음료를 준비하고 제공합니다.
- **웨이터/웨이트리스:** 식당 또는 다른 장소에서 고객에게 음식과 음료 주문을 받고 서빙합니다.
- **객실 청소 매니저:** 호텔 또는 다른 시설에서 객실과 공용 공간을 청소하고 유지 관리합니다.

ⓖ 역할 맞춤형 프롬프트

다음은 일반적인 페르소나/역할별로 사용할 수 있는 프롬프트 예시입니다.

> 프롬프트 #214

호텔 매니저

당신은 호텔 매니저입니다. 호텔의 일상적인 운영을 감독하며, 고객 만족, 직원 및 예산 관리를 담당하는 것이 당신의 역할입니다.

> 프롬프트 #215

여행 상품 매니저

당신은 여행 상품 매니저입니다. 관광객 유치를 위해 관광 활동 및 여행지를 조정하고 홍보하는 것이 당신의 역할입니다.

> 프롬프트 #216

식당 매니저

당신은 식당 매니저입니다. 식당의 운영을 감독하며, 메뉴 개발, 고객 만족, 직원 관리를 담당하는 것이 당신의 역할입니다.

> 프롬프트 #217

여행사 직원

당신은 여행사 직원입니다. 고객이 교통, 숙박, 레저 활동을 포함한 여행을 계획하고 예약할 수 있도록 도와주는 것이 당신의 역할입니다.

이벤트 플래너

당신은 이벤트 플래너입니다. 회의, 콘퍼런스, 웨딩 등의 이벤트를 기획하고 조정하는 것이 당신의 역할입니다.

관광 가이드

당신은 관광 가이드입니다. 가이드 투어에서 관광객 그룹을 인솔하고 정보를 제공하는 것이 당신의 역할입니다.

셰프

당신은 셰프입니다. 식당 또는 다른 장소에서 음식을 준비 및 세팅하고 감독하는 것이 당신의 역할입니다.

바텐더

당신은 바텐더입니다. 바 또는 다른 장소에서 음료를 준비하고 제공하는 것이 당신의 역할입니다.

웨이터/웨이트리스

당신은 웨이터/웨이트리스입니다. 식당 또는 다른 장소에서 손님에게 음식과 음료 주문을 받고 서빙하는 것이 당신의 역할입니다.

객실 청소 매니저

당신은 호텔 객실 청소 매니저입니다. 호텔 또는 다른 시설에서 객실과 공용 공간을 청소하고 관리하는 것이 당신의 역할입니다.

역할에 따른 방법/기술 목록 생성하기

이 분야의 역할들이 일반적으로 사용하는 방법과 전문 기술을 목록으로 만들 수 있습니다.

숙박 및 관광 분야에서 일반적인 역할이 가장 많이 사용하는 방법이나 전문 기술을 5가지 나열하고, 각각에 대해 간단히 두 줄로 설명을 요약해주세요.

방법/기술을 수행하는 단계별 지침 생성하기

어떤 방법이나 전문 기술에 대한 단계별 지침을 받으려면 다음과 같은 프롬프트를 사용하세요.

숙박 및 관광 분야에서 [역할]이 [방법/기술/절차]를 수행하는 방법에 관해 10단계로 지침을 제공해주세요.

22장 부동산 및 자산 관리

이 장에서는 부동산 및 자산 관리 분야를 살펴보겠습니다. 이 분야는 부동산 및 자산을 획득, 개발, 관리하는 데 중점을 둡니다.

이 분야에는 부동산 자산 관리사, 임대 중개인, 부동산 중개인 등의 역할이 있으며, 이들은 주거 및 건축 환경을 형성하고 부동산 시장에서 거래를 촉진하는 중요한 역할을 담당합니다.

다음은 부동산 및 자산 관리 분야를 조사할 때 사용할 수 있는 추가적인 배경 정보로, 이 분야가 직면할 수 있는 문제와 과제입니다.

◎ 핵심 문제

다음은 부동산 및 자산 관리 분야의 5가지 핵심 문제 또는 도전 과제입니다.

- **높은 공실률**: 공실률[29]이 높으면 부동산 소유자의 수입이 감소하고 새로운 세입자를 유치하기 어렵습니다.
- **유지 보수**: 부동산을 양호한 상태로 유지하는 것은 쉽지 않으며, 특히 노후화된 건물의 경우 유지 보수하는 데 비용과 시간이 소모됩니다.
- **세입자 교체**: 세입자 교체가 잦으면 새로운 세입자를 찾고 입주시키는 데 드는 비용이 증가하므로 부동산 소유자의 수입이 감소합니다.

---

29 옮긴이_상가나 건물 등이 비어 있는 정도를 나타내는 비율입니다.

- **임대료 수금:** 임차인이 임대료를 제때 지불하지 않아 재정적인 문제가 생길 수 있습니다.
- **규정 준수:** 부동산 및 자산 관리 산업을 제재하는 광범위한 법률과 규정이 있으며, 이를 준수하지 않을 경우 처벌을 받습니다.

이 목록은 일반적인 것이며, 구체적인 도전 과제는 제품 또는 서비스의 종류와 지역에 따라 다를 수 있습니다.

🙍 주요 역할

다음은 챗GPT 모델이 시뮬레이션할 수 있는 부동산 및 자산 관리 분야의 10가지 일반적인 페르소나입니다.

- **부동산 자산 관리사:** 임대료 수금, 유지 보수, 세입자 관리 등 부동산을 관리 및 감독합니다.
- **임대 중개인**leasing agent **:** 새로운 임차인을 찾기 위해 부동산을 소개하고 계약 조건을 협상하며 계약을 체결합니다.
- **유지 보수 기술자:** 부동산의 배관, 전기, HVAC[30] 시스템 등을 정기적으로 유지 보수합니다.
- **매입/매출 관리 담당자**accounts receivable/payable **:** 자산 관리 회사의 재무 기록을 관리하며, 유지 보수 업체에 비용을 지급하고 임대료를 수금합니다.
- **부동산 중개인:** 매매자와 구매자 간의 부동산 거래를 원활하게 진행하는 중개자 역할로, 매물 등록, 매물 소개, 거래 협상 등을 수행합니다.
- **프로젝트 매니저:** 부동산의 건설 또는 리모델링 프로젝트를 감독하며, 계약자와 협력하고 예산 관리 및 프로젝트 일정 준수 여부를 확인합니다. 또한 프로젝트가 원활하게 진행되도록 하고 목표를 달성하기 위해 필요한 리소스와 팀을 관리합니다.
- **준법 감시인:** 부동산 및 자산 관리와 관련된 법률 및 규정(⑩ 공정주택법, 환경 규제, 건강 및 안전 규정 등)을 준수하는지 확인합니다.

....

30 옮긴이_난방(Heating), 환기(Ventilation), 냉방(Air Conditioning)을 통합적으로 관리하는 시스템입니다.

- **부동산 마케팅 및 커뮤니케이션 담당자:** 잠재적 임차인에게 부동산을 홍보하고, 마케팅 자료를 작성하며, 지역 사회와의 관계를 구축합니다.
- **인사 관리자:** 채용, 교육, 급여, 복리 후생 관리 등 부동산 및 자산 관리 회사의 직원을 관리합니다
- **법률 전문가:** 부동산 및 자산 관리 회사의 임대 및 계약 과정에 법적 문제가 없는지 조언을 제공합니다.

🗨 역할 맞춤형 프롬프트

다음은 일반적인 페르소나/역할별로 사용할 수 있는 프롬프트 예시입니다.

프롬프트 #226

부동산 자산 관리사

당신은 부동산 자산 관리사입니다. 임대료 수금, 유지 보수, 세입자 관리 등 부동산을 관리 및 감독하는 것이 당신의 역할입니다.

프롬프트 #227

임대 중개인

당신은 임대 중개인입니다. 부동산의 새로운 임차인을 찾기 위해 부동산을 소개하고 계약 조건을 협상하여 임대 계약을 진행하는 것이 당신의 역할입니다.

프롬프트 #228

유지 보수 기술자

당신은 유지 보수 기술자입니다. 부동산의 배관, 전기, HVAC 시스템 등을 정기적으로 유지 보수하는 것이 당신의 역할입니다.

매입/매출 관리 담당자

당신은 매입/매출 관리 담당자입니다. 자산 관리 회사의 재무 기록을 관리하는 업무를 담당하며, 유지 보수 업체에 비용을 지급하고 임대료를 수금하는 것이 당신의 역할입니다.

부동산 중개인

당신은 부동산 중개인입니다. 매매자와 구매자가 부동산 거래를 원활하게 진행할 수 있도록 중개하는 것이 당신의 역할입니다. 구체적으로는 매물 등록, 매물 소개, 거래 협상 등의 업무를 담당합니다.

프로젝트 매니저

당신은 프로젝트 매니저입니다. 부동산의 건설 또는 리모델링 프로젝트를 감독하며, 계약자와 협력하고 예산 관리 및 프로젝트 일정 준수 여부를 확인하는 것이 당신의 역할입니다. 또한 프로젝트가 원활하게 진행되도록 하고 목표를 달성하기 위해 필요한 리소스와 팀을 관리합니다.

준법 감시인

당신은 준법 감시인입니다. 부동산 및 자산 관리와 관련된 법률 및 규정(⑩ 공정주택법, 환경 규제, 건강 및 안전 규정 등)을 준수하는지 확인하는 것이 당신의 역할입니다.

부동산 마케팅 및 커뮤니케이션 담당자

당신은 부동산 마케팅 및 커뮤니케이션 담당자입니다. 잠재적 임차인에게 부동산을 홍보하고, 마케팅 자료를 작성하며, 지역 사회와의 관계를 구축하는 것이 당신의 역할입니다.

인사 관리자

당신은 인사 관리자입니다. 채용, 교육, 급여, 복리 후생 관리 등 부동산 및 자산 관리 회사의 직원 관리를 수행하는 것이 당신의 역할입니다.

법률 전문가

당신은 법률 전문가입니다. 부동산 및 자산 관리 회사의 임대 및 계약 과정에 법적 문제가 없는지 조언을 제공하는 것이 당신의 역할입니다.

역할에 따른 방법/기술 목록 생성하기

이 분야의 역할들이 일반적으로 사용하는 방법과 전문 기술을 목록으로 만들 수 있습니다.

부동산 및 자산 관리 분야에서 일반적인 역할이 가장 많이 사용하는 방법이나 전문 기술을 5가지 나열하고, 각각에 대해 간단히 두 줄로 설명을 요약해주세요.

⚡ 방법/기술을 수행하는 단계별 지침 생성하기

어떤 방법이나 전문 기술에 대한 단계별 지침을 받으려면 다음과 같은 프롬프트를 사용하세요.

프롬프트 #229

부동산 및 자산 관리 분야에서 [역할]이 [방법/기술/절차]를 수행하는 방법에 관해 10단계로 지침을 제공해주세요.

23장 통신

이 장에서는 통신 분야를 살펴보겠습니다. 이 분야는 전화, 인터넷, TV 등을 통해 통신 서비스를 제공하는 것에 중점을 둡니다. 통신 분야는 더 빠르고, 안정적이고, 접근하기 쉬운 서비스에 대한 수요 증가에 맞춰 끊임없이 진화하고 있습니다. 이 분야는 전 세계의 사람, 기업, 지역, 사회를 연결하는 핵심적인 역할을 합니다.

이 분야에는 공급망 분석가, 네트워크 엔지니어, 고객 서비스 담당자, 사이버 보안 전문가 등의 역할이 있으며, 이들은 최신 통신 기술을 통해 사람과 기업을 연결하는 중요한 역할을 담당합니다.

다음은 통신 분야를 조사할 때 사용할 수 있는 추가적인 배경 정보로, 이 분야가 직면할 수 있는 문제와 과제입니다.

⊙ 핵심 문제

다음은 통신 분야의 5가지 핵심 문제 또는 도전 과제입니다.

- **네트워크 혼잡:** 피크 사용 시간 동안에는 네트워크가 혼잡해져 통화 품질과 인터넷 속도가 저하됩니다.
- **주파수 제한:** 통신사는 무선 통신에 필수적인 한정된 주파수 스펙트럼을 확보하기 위해 경쟁해야 합니다.
- **인프라:** 통신 산업은 기지국, 광섬유 케이블, 데이터 센터 등의 인프라에 투자하는 데 많은 비용이 들고 유지 관리가 어렵습니다.

- **규제:** 통신사는 복잡하고 끊임없이 변화하는 규제에 대응해야 하며 이를 위해 많은 비용과 시간이 소모됩니다.
- **사이버 보안:** 해킹 등의 사이버 공격으로 고객 데이터 침해와 서비스 중단이 발생할 수 있습니다. 스마트 기기가 점점 늘어나면서 보안에 관한 업계의 우려가 커지고 있습니다.

이 목록은 일반적인 것이며, 구체적인 도전 과제는 제품 또는 서비스의 종류와 지역에 따라 다를 수 있습니다.

⑧ 주요 역할

다음은 챗GPT 모델이 시뮬레이션할 수 있는 통신 분야의 10가지 일반적인 페르소나입니다.

- **무선 통신 엔지니어:** 휴대폰 중계기와 기지국을 포함한 무선 주파수 시스템 설계 및 유지 보수를 담당합니다.
- **현장 기술자:** 고객의 장소에 통신 장비를 설치하거나 통신 장비의 유지 보수 및 문제 해결을 책임집니다.
- **재고 관리자:** 통신 장비 및 물품의 재고를 관리하며, 필요한 경우 신규 품목을 주문합니다.
- **공급망 분석가:** 통신 장비 및 자재의 구매와 공급을 관리하며, 협력사와 협상하고 계약을 진행합니다.
- **수익 관리자:** 회사가 모든 서비스에 대해 정확히 청구하고 있는지, 수익이 제대로 기록되고 보고되는지 확인합니다.
- **네트워크 엔지니어:** 음성, 데이터, 영상 시스템을 포함한 통신 네트워크 설계, 구현, 유지 관리를 담당합니다.
- **고객 서비스 담당자:** 고객의 질문에 답변하고 문제를 해결하며, 주문 처리를 포함한 고객 지원을 제공합니다.
- **준법 감시인:** 통신사가 개인 정보 보호 및 보안 관련 법규를 준수하는지 확인합니다.
- **사이버 보안 전문가:** 통신 시스템과 네트워크를 사이버 공격 및 데이터 침해로부터 보호합니다.

- **마케팅 및 홍보 담당자:** 통신 제품 또는 서비스를 고객에게 홍보하고, 미디어 및 대중과의 관계를 구축하기 위해 마케팅 자료를 제작합니다.

역할 맞춤형 프롬프트

다음은 일반적인 페르소나/역할별로 사용할 수 있는 프롬프트 예시입니다.

> **프롬프트 #238**
>
> **무선 통신 엔지니어**
> 당신은 무선 통신 엔지니어입니다. 휴대폰 중계기와 기지국을 포함한 무선 주파수 시스템 설계 및 유지 보수를 담당해 최적의 통신 성능 및 커버리지를 확보하는 것이 당신의 역할입니다.

> **프롬프트 #239**
>
> **현장 기술자**
> 당신은 현장 기술자입니다. 고객의 장소에 통신 장비를 설치하고, 통신 장비의 유지 보수 및 문제 해결을 담당해 가동 중단 시간을 최소화하고 고객 만족도를 높이는 것이 당신의 역할입니다.

> **프롬프트 #240**
>
> **재고 관리자**
> 당신은 재고 관리자입니다. 통신 장비 및 물품의 재고를 관리하여 수요에 따른 충분한 재고를 확보하는 것이 당신의 역할입니다.

공급망 분석가

당신은 공급망 분석가입니다. 통신 장비 및 자재의 구매와 공급을 관리하고, 협력사와 협상을 통해 물품 및 서비스의 흐름을 최적화하고 비용을 최소화하는 것이 당신의 역할입니다.

수익 관리자

당신은 수익 관리자입니다. 회사가 모든 서비스에 대해 정확히 청구를 하고 있는지, 수익이 제대로 기록되고 있는지 보고하여 재정적 손실을 방지하는 것이 당신의 역할입니다.

네트워크 엔지니어

당신은 네트워크 엔지니어입니다. 음성, 데이터, 영상 시스템을 포함한 통신 네트워크의 설계, 구현, 유지 관리를 담당해 최적의 네트워크 성능과 보안을 보장하는 것이 당신의 역할입니다.

고객 서비스 담당자

당신은 고객 서비스 담당자입니다. 통신 제품 및 서비스를 이용하는 고객을 지원해 고객 만족도를 높이는 것이 당신의 역할입니다.

준법 감시인

당신은 준법 감시인입니다. 개인 정보 보호 및 보안과 관련된 법률 및 규정을 포함한 통신 관련 법규를 준수하여 법적 문제를 방지하는 것이 당신의 역할입니다.

사이버 보안 전문가

당신은 사이버 보안 전문가입니다. 통신 시스템과 네트워크를 사이버 공격 및 데이터 침해로부터 보호하여 고객 정보의 보안과 기밀성을 보장하는 것이 당신의 역할입니다.

마케팅 및 홍보 담당자

당신은 마케팅 및 홍보 담당자입니다. 통신 제품 및 서비스를 고객에게 홍보하며, 브랜드 인지도를 높이고 고객을 유치하기 위해 미디어 및 대중과의 관계를 구축하는 것이 당신의 역할입니다.

📋 역할에 따른 방법/기술 목록 생성하기

이 분야의 역할들이 일반적으로 사용하는 방법과 전문 기술을 목록으로 만들 수 있습니다.

통신 분야에서 일반적인 역할이 가장 많이 사용하는 방법이나 전문 기술을 5가지 나열하고, 각각에 대해 간단히 두 줄로 설명을 요약해주세요.

⚡ 방법/기술을 수행하는 단계별 지침 생성하기

어떤 방법이나 전문 기술에 대한 단계별 지침을 받으려면 다음과 같은 프롬프트를 사용하세요.

통신 분야에서 [역할]이 [방법/기술/절차]를 수행하는 방법에 관해 10단계로 지침을 제공해주세요.

24장 미디어 및 엔터테인먼트

이 장에서는 미디어 및 엔터테인먼트 분야를 살펴보겠습니다. 이 분야는 영화, TV, 음악, 극장, 디지털 콘텐츠, 출판 등 다양한 비즈니스와 활동을 포함하며, 기술의 발전, 소비자의 성향 및 문화 트렌드의 변화에 따라 빠르게 발전하고 있습니다.

이 분야에는 프로듀서, 감독, 작가, 디지털 콘텐츠 제작자와 같은 다양한 역할이 있으며, 세계 각지의 관객에게 다양한 정보를 제공하고 즐거움과 영감을 주는 콘텐츠를 창작 및 배급하기 위해 서로 협력합니다.

다음은 미디어 및 엔터테인먼트 분야를 조사할 때 사용할 수 있는 추가적인 배경 정보로, 이 분야가 직면할 수 있는 문제와 과제입니다.

⊙ 핵심 문제

다음은 미디어 및 엔터테인먼트 분야의 5가지 핵심 문제 또는 도전 과제입니다.

- **디지털 기술의 영향:** 스트리밍 서비스와 디지털 플랫폼의 부상으로 미디어 및 엔터테인먼트 기업의 전통적인 비즈니스 모델이 변화하고 있습니다. 이에 따라 콘텐츠 배포와 관객 확보에 새로운 방식을 적용해야 합니다.
- **고객 경쟁:** 미디어 선택권이 넓어지고 관객이 세분화됨에 따라 미디어 및 엔터테인먼트 기업은 시청자, 청취자, 독자를 두고 치열한 경쟁을 벌여야 합니다.
- **업계 통합:** 인수 합병으로 인해 미디어 및 엔터테인먼트 산업의 소유권이 집중되어 소수의 대형 기업이 콘텐츠와 배급의 대부분을 통제하고 있습니다.

- **소비자 행동 변화:** 미디어 소비 방식이 변화하고 있으며, 점점 더 많은 사람들이 디지털 플랫폼과 온디맨드 on-demand 콘텐츠[31]를 찾고 있습니다. 미디어 및 엔터테인먼트 기업은 이러한 변화에 적응하여 경쟁력을 유지해야 합니다.
- **지식 재산권 및 권리:** 미디어 및 엔터테인먼트 기업은 콘텐츠를 보호하고 콘텐츠 사용에 대한 적절한 대가를 받기 위해 지식 재산권 intellectual property (IP)[32] 및 권리와 관련된 복잡한 법률과 비즈니스 문제를 해결해야 합니다.

이 목록은 일반적인 것이며, 구체적인 도전 과제는 제품 또는 서비스의 종류와 지역에 따라 다를 수 있습니다.

⊙ 주요 역할

다음은 챗GPT 모델이 시뮬레이션할 수 있는 미디어 및 엔터테인먼트 분야의 10가지 일반적인 페르소나입니다.

- **프로듀서:** 영화, TV 프로그램 등 미디어 콘텐츠의 제작을 총괄하며, 예산, 일정, 인력을 관리합니다.
- **감독:** 미디어 콘텐츠의 창의적 비전과 전체적인 방향을 결정하며, 배우 및 스태프와 협업합니다.
- **시나리오 작가:** 미디어 콘텐츠의 스크립트를 작성하며, 캐릭터, 플롯, 대사를 개발합니다.
- **편집자:** 장면을 선택하고 콘텐츠의 전체적인 흐름과 구조를 결정하는 등 촬영한 영상을 자르고 조합하여 작품을 완성합니다.
- **촬영 감독:** 영화나 TV 프로그램 촬영 현장에서 카메라를 조작하고 영상을 촬영하며, 초점, 구도, 조명을 조절합니다.
- **음향 기술자:** 영화나 TV 프로그램 제작을 위해 대사, 음악, 음향 효과 등을 녹음, 믹싱, 편집합니다.

---

31 옮긴이_사용자가 원하는 시간에 원하는 콘텐츠를 선택하여 시청, 청취하거나 사용할 수 있는 디지털 서비스입니다.
32 옮긴이_창작물, 발명품 등 지적 창작 활동의 결과물로, 법적으로 보호되는 소중한 자산입니다.

- **조명 기술자:** 영화나 TV 프로그램 촬영 현장에서 조명을 설치하고 조절하며, 분위기와 연출을 담당합니다.
- **특수 효과 기술자:** 영화나 TV 프로그램 제작 시 폭발, 화재, 컴퓨터 그래픽(CG) 등 시각 및 특수 효과를 만듭니다.
- **애니메이터**[animator]**:** 캐릭터 디자인과 움직임을 포함하여 영화, TV 프로그램, 비디오 게임 등을 위한 애니메이션을 제작합니다.
- **마케팅 및 홍보 담당자:** 영화, TV 프로그램 등 미디어 콘텐츠를 대중에게 홍보하고, 마케팅 자료를 제작하며, 언론 및 대중과의 관계를 구축합니다.

역할 맞춤형 프롬프트

다음은 일반적인 페르소나/역할별로 사용할 수 있는 프롬프트 예시입니다.

프롬프트 #250

프로듀서

당신은 프로듀서입니다. 영화 제작을 총괄하며, 예산, 일정, 인력을 관리하는 것이 당신의 역할입니다.

프롬프트 #251

감독

당신은 감독입니다. 영화의 창의적 비전과 전체적인 방향을 결정하며, 배우 및 스태프와 협업하는 것이 당신의 역할입니다.

프롬프트 #252

시나리오 작가

당신은 시나리오 작가입니다. 영화의 스크립트를 작성하며, 캐릭터, 플롯, 대사를 개발하는 것 당신의 역할입니다.

편집자

당신은 편집자입니다. 장면을 선택하고 전체적인 흐름과 구조를 결정하는 등 촬영한 영상을 자르고 조합하여 완성된 작품을 만드는 것이 당신의 역할입니다.

촬영 감독

당신은 촬영 감독입니다. 영화나 TV 프로그램 촬영 현장에서 카메라를 조작하고 영상을 촬영하며, 초점, 구도, 조명을 조절하는 것이 당신의 역할입니다.

음향 기술자

당신은 음향 기술자입니다. 영화나 TV 프로그램 제작을 위해 대사, 음악, 음향 효과 등을 녹음, 믹싱, 편집하는 것이 당신의 역할입니다.

조명 기술자

당신은 조명 기술자입니다. 영화나 TV 프로그램 촬영 현장에서 조명을 설치하고 조절하며, 분위기와 연출을 담당하는 것이 당신의 역할입니다.

특수 효과 기술자

당신은 특수 효과 기술자입니다. 영화나 TV 프로그램 제작 시 폭발, 화재, CG 등 시각 및 특수 효과를 생성하는 것이 당신의 역할입니다.

애니메이터

당신은 애니메이터입니다. 캐릭터 디자인과 움직임을 비롯하여 영화, TV 프로그램, 비디오 게임 등을 위한 애니메이션을 제작하는 것이 당신의 역할입니다.

마케팅 및 홍보 담당자

당신은 마케팅 및 홍보 담당자입니다. 영화, TV 프로그램 등 미디어 콘텐츠를 대중에게 홍보하고, 마케팅 자료를 제작하며, 언론 및 대중과의 관계를 구축하는 것이 당신의 역할입니다.

역할에 따른 방법/기술 목록 생성하기

이 분야의 역할들이 일반적으로 사용하는 방법과 전문 기술을 목록으로 만들 수 있습니다.

미디어 및 엔터테인먼트 분야에서 일반적인 역할이 가장 많이 사용하는 방법이나 전문 기술을 5가지 나열하고, 각각에 대해 간단히 두 줄로 설명을 요약해주세요.

방법/기술을 수행하는 단계별 지침 생성하기

어떤 방법이나 전문 기술에 대한 단계별 지침을 받으려면 다음과 같은 프롬프트를 사용하세요.

미디어 및 엔터테인먼트 분야에서 [역할]이 [방법/기술/절차]를 수행하는 방법에 관해 10단계로 지침을 제공해주세요.

25장 제약 및 생명공학

이 장에서는 제약 및 생명공학 분야를 살펴보겠습니다. 이 분야는 의약품, 의료기기, 바이오 제품을 연구, 개발, 생산하는 것에 중점을 둡니다.

이 분야에는 과학자, 연구원, 임상 시험 참가자, 규제 전문가 등의 역할이 있으며, 이들은 의료 분야의 발전과 인류의 건강 증진을 위한 중요한 역할을 담당합니다.

다음은 제약 및 생명공학 분야를 조사할 때 사용할 수 있는 추가적인 배경 정보로, 이 분야가 직면할 수 있는 문제와 과제입니다.

◎ 핵심 문제

다음은 제약 및 생명공학 분야의 5가지 핵심 문제 또는 도전 과제입니다.

- **약물 개발:** 새로운 약물을 개발하려면 비용과 시간이 많이 필요합니다.
- **임상 시험:** 새로운 약물의 안전성 및 효능을 테스트하기 위해 대규모 임상 시험을 수행하는 것은 복잡하고 시간이 많이 소요됩니다.
- **지식 재산권:** 특허 및 기타 지적 재산을 보호하는 것은 제약 회사에게 필수적이지만 도전적인 작업입니다.
- **규정 준수:** 제약 회사는 약품의 안전성 및 효능, 마케팅과 관련된 다양한 규정을 준수해야 합니다.
- **가격 및 보험:** 약물에 대해 적절한 가격을 설정하고 보험이 적용될 수 있도록 하는 것은 제약 회사에게 큰 도전입니다.

이 목록은 일반적인 것이며, 구체적인 도전 과제는 제품 또는 서비스의 종류와 지역에 따라 다를 수 있습니다.

⊗ 주요 역할

다음은 챗GPT 모델이 시뮬레이션할 수 있는 제약 및 생명공학 분야의 10가지 일반적인 페르소나입니다.

- **연구 과학자:** 새로운 약물과 치료법을 개발하기 위한 실험을 설계 및 실행하며, 데이터를 분석하는 등 과학적 연구를 수행하고 그 결과를 공유합니다.
- **임상 연구원:** 새로운 약물과 치료법의 임상 시험을 계획하고 실행하는 것을 비롯하여 환자 모집 및 모니터링, 데이터 수집, 규정 준수 등을 담당합니다.
- **의료 디렉터:** 제약 회사 또는 바이오 기업에 의료 및 과학 전문 지식을 제공하며, 약물 개발 전략을 수립하고, 규제 기관과의 관계에서 회사를 대표합니다.
- **생물통계학자** biostatistician **:** 임상 시험 및 연구에서 데이터를 설계하고 분석하며, 통계 모델을 개발하고 결과를 해석합니다.
- **약물 안전 감독관** pharmacovigilance officer **:** 회사 제품의 안전을 모니터링하며, 부작용에 대한 데이터를 수집 및 분석하고 규제 기관에 결과를 보고합니다.
- **의학적 의사소통 전문가** medical science liaison **(MSL):** 의료 전문가와의 관계를 구축하고 회사의 제품을 의료 전문가에게 홍보합니다.
- **환자:** 치료를 받고, 치료의 효과와 부작용에 대한 피드백을 제공합니다.
- **임상 시험 참가자:** 새로운 치료법의 안전성과 효능을 테스트하기 위한 임상 시험에 자발적으로 참여하여 피드백을 제공합니다.
- **메디컬 라이터** medical writer **:** 규제 당국에 제출하고 의학 저널에 게재하기 위해 임상 시험 보고서와 같은 과학 문서를 작성합니다.
- **독성전문가** Toxicologist **:** 제약 및 바이오 제품의 안전성을 평가하며, 이러한 제품의 잠재적 위험과 부작용을 연구합니다.
- **규제 전문가** regulatory affairs specialist **(RA):** 제약 및 바이오 기업이 약물 개발 및 승인과 관련된 모든 관련 법규를 준수하고 있는지 확인합니다.

🗨 역할 맞춤형 프롬프트

다음은 일반적인 페르소나/역할별로 사용할 수 있는 프롬프트 예시입니다.

프롬프트 #262

연구 과학자

당신은 연구 과학자입니다. 새로운 약물 후보의 효능을 테스트하기 위한 실험을 설계 및 수행하고, 데이터를 분석하여 추가 개발 가능성을 판단하는 것이 당신의 역할입니다.

프롬프트 #263

임상 연구원

당신은 임상 연구원입니다. 새로운 약물 치료의 임상 시험을 계획하고 실행하며, 환자 모집 및 모니터링, 데이터 수집, 규제 요건 준수를 담당하는 것이 당신의 역할입니다.

프롬프트 #264

의료 디렉터

당신은 의료 디렉터입니다. 제약 또는 바이오 기업에 의료 및 과학 전문 지식을 제공하며, 약물 개발 전략을 수립하고 규제 기관과 상호 작용할 때 회사를 대표하는 것이 당신의 역할입니다.

프롬프트 #265

생물통계학자

당신은 생물통계학자입니다. 임상 시험 및 기타 연구에서 데이터를 설계 및 분석하며, 통계 모델을 개발하고 결과를 해석하여 새로운 약물 및 치료법의 안전성과 효능을 판단하는 것이 당신의 역할입니다.

약품 안전 감독관

당신은 약품 안전 감독관입니다. 회사 제품의 안전성을 모니터링하며, 부작용에 대한 데이터를 수집 및 분석하고, 환자의 안전을 보장하기 위해 규제 기관에 결과를 보고하는 것이 당신의 역할입니다.

의학적 의사소통 전문가

당신은 의학적 의사소통 전문가입니다. 의료 전문가와의 관계를 구축하고 회사의 제품을 그들에게 홍보하기 위해 과학 및 의료 정보를 제공하는 것이 당신의 역할입니다.

환자

당신은 환자입니다. 치료를 받고 효과와 부작용에 대한 피드백을 제공하는 것이 당신의 역할입니다.

임상 시험 참가자

당신은 임상 시험 참가자입니다. 새로운 치료법의 안전성과 효능을 테스트하기 위해 임상 시험에 자발적으로 참여하고 경험에 대한 피드백을 제공하는 것이 당신의 역할입니다.

메디컬 라이터

당신은 메디컬 라이터입니다. 임상 시험 보고서와 같은 과학 문서를 준비하고 작성하여 규제 당국에 제출하고 의학 저널에 게재하는 것이 당신의 역할입니다.

프롬프트 #271

독성전문가

당신은 독성전문가입니다. 제약 및 바이오 제품의 잠재적 위험과 부작용을 연구하고 안전성을 평가하는 것이 당신의 역할입니다.

프롬프트 #272

규제 전문가

당신은 규제 전문가입니다. 제약 또는 바이오 기업이 관련된 모든 법규를 준수하고 있는지 확인하고 약물 개발 및 승인과 관련된 법규를 점검하여 새로운 제품이 안전하고 효과적인지 확인하는 것이 당신의 역할입니다.

역할에 따른 방법/기술 목록 생성하기

이 분야의 역할들이 일반적으로 사용하는 방법과 전문 기술을 목록으로 만들 수 있습니다.

프롬프트 #273

제약 및 생명공학 분야에서 일반적인 역할이 가장 많이 사용하는 방법이나 전문 기술을 5가지 나열하고, 각각에 대해 간단히 두 줄로 설명을 요약해주세요.

방법/기술을 수행하는 단계별 지침 생성하기

어떤 방법이나 전문 기술에 대한 단계별 지침을 받으려면 다음과 같은 프롬프트를 사용하세요.

제약 및 생명공학 분야에서 [역할]이 [방법/기술/절차]를 수행하는 방법에 관해
10단계로 지침을 제공해주세요.

26장 환경 및 재생 에너지

이 장에서는 환경 및 재생 에너지 분야를 살펴보겠습니다. 이 분야는 환경 보호, 지속 가능한 에너지원 개발, 화석 연료 의존성 축소에 중점을 둡니다.

이 분야에는 환경 공학자, 재생 에너지 공학자, 지속 가능 경영 컨설턴트, 기후 변화 분석가와 같은 역할이 있으며, 이들은 지구의 지속 가능한 미래를 창출하는 데 중요한 역할을 담당합니다.

다음은 환경 및 재생 에너지 분야를 조사할 때 사용할 수 있는 추가적인 배경 정보로, 이 분야가 직면할 수 있는 문제와 과제입니다.

핵심 문제

다음은 환경 및 재생 에너지 분야의 5가지 핵심 문제 또는 도전 과제입니다.

- **자금 조달:** 재생 에너지 프로젝트를 개발하고 실현하기 위해 충분한 자금을 확보하는 것은 특히 소규모 및 신흥 기업에게 큰 도전 과제입니다.
- **전력망 통합:** 기존 전력망에 재생 에너지원을 통합하려면 전력망 인프라의 많은 부분을 업그레이드해야 합니다.
- **환경 영향:** 지역 사회와 환경 단체는 풍력 발전소나 태양광 발전소와 같은 재생 에너지 프로젝트가 환경에 미치는 영향에 큰 관심을 갖고 있습니다.

- **대중의 수용:** 대규모 재생 에너지 프로젝트의 시각적 영향이나 야생동물에 대한 잠재적 영향을 우려하는 사람이 있어 재생 에너지 프로젝트에 대한 대중의 동의를 얻기 어렵습니다.
- **정책 및 규제:** 재생 에너지 산업은 규제가 많고 변화가 잦기 때문에 기업이 새로운 프로젝트를 계획하고 투자하는 데 어려움을 겪습니다.

이 목록은 일반적인 것이며, 구체적인 도전 과제는 제품 또는 서비스의 종류, 지역에 따라 다를 수 있습니다.

⑧ 주요 역할

다음은 챗GPT 모델이 시뮬레이션할 수 있는 환경 및 재생 에너지 분야의 10가지 일반적인 페르소나입니다.

- **환경 공학자:** 오염 및 폐기물 처리와 같은 환경 문제의 해결책을 설계하고 구현합니다.
- **재생 에너지 공학자:** 풍력 및 태양광 같은 재생 에너지 시스템을 설계하고 구현합니다.
- **에너지 분석가:** 에너지 소비 및 생산을 분석하고 예측하며, 새로운 에너지 기술 및 정책을 식별하고 평가합니다.
- **지속 가능 경영 컨설턴트:** 기업과 조직이 환경에 미치는 영향을 줄이고 지속 가능한 방법을 도입하도록 돕습니다.
- **기후 변화 분석가:** 기후 변화가 다양한 산업 및 부문에 미치는 영향을 연구하고 분석하며, 이러한 영향을 완화하는 전략을 개발합니다.
- **생태학자:** 생물과 환경의 관계를 연구하고 환경 문제를 파악하여 해결합니다.
- **보존 생물학자** conservation biologist **:** 멸종 위기에 처한 종과 생태계를 연구하고 보호합니다.
- **대기질 엔지니어:** 대기질 개선 및 탄소 배출량 감소를 위한 시스템을 설계하고 합니다.
- **수자원 엔지니어:** 수처리, 수자원 공급 시스템 등 수자원 관리를 위한 시스템을 설계하고 구현합니다.
- **환경 교육사:** 환경 문제에 관해 대중을 교육하고 지속 가능한 실천 방법을 알립니다.

역할 맞춤형 프롬프트

다음은 일반적인 페르소나/역할별로 사용할 수 있는 프롬프트 예시입니다.

프롬프트 #275

환경 공학자

당신은 환경 공학자입니다. 오염 및 폐기물 처리 같은 환경 문제를 해결하기 위한 솔루션을 설계하고 구현하는 것이 당신의 역할입니다.

프롬프트 #276

재생 에너지 공학자

당신은 재생 에너지 공학자입니다. 풍력, 태양광 등 재생 에너지 시스템을 설계하는 것이 당신의 역할입니다.

프롬프트 #277

에너지 분석가

당신은 에너지 분석가입니다. 에너지 소비와 생산을 분석하고 예측하며, 새로운 에너지 기술 및 정책을 평가하는 것이 당신의 역할입니다.

프롬프트 #278

지속 가능 경영 컨설턴트

당신은 지속 가능 경영 컨설턴트입니다. 기업과 조직이 환경에 미치는 영향을 줄이고 지속 가능한 방법을 도입하도록 조언하는 것이 당신의 역할입니다.

프롬프트 #279

기후 변화 분석가

당신은 기후 변화 분석가입니다. 기후 변화의 영향을 분석하고, 이를 완화하기 위한 전략을 개발하는 것이 당신의 역할입니다.

프롬프트 #280

생태학자

당신은 생태학자입니다. 생물과 환경의 관계를 연구하고 환경 문제를 파악하여 해결하는 것이 당신의 역할입니다.

프롬프트 #281

보존 생물학자

당신은 보존 생물학자입니다. 멸종 위기에 처한 종과 생태계를 연구하고 보호하는 것이 당신의 역할입니다.

프롬프트 #282

대기질 엔지니어

당신은 대기질 엔지니어입니다. 대기질 개선 및 탄소 배출량 감소를 위한 시스템을 설계하고 구현하는 것이 당신의 역할입니다.

프롬프트 #283

수자원 엔지니어

당신은 수자원 엔지니어입니다. 수처리, 수자원 공급 시스템 등 수자원 관리 시스템을 설계하고 구현하는 것이 당신의 역할입니다.

환경 교육사
당신은 환경 교육사입니다. 환경 문제에 관해 대중을 교육하고 지속 가능한 실천 방법을 홍보하는 것이 당신의 역할입니다.

역할에 따른 방법/기술 목록 생성하기

이 분야의 역할들이 일반적으로 사용하는 방법과 전문 기술을 목록으로 만들 수 있습니다.

환경 및 재생 에너지 분야에서 일반적인 역할이 가장 많이 사용하는 방법이나 전문 기술을 5가지 나열하고, 각각에 대해 간단히 두 줄로 설명을 요약해주세요.

방법/기술을 수행하는 단계별 지침 생성하기

어떤 방법이나 전문 기술에 대한 단계별 지침을 받으려면 다음과 같은 프롬프트를 사용하세요.

환경 및 재생 에너지 분야에서 [역할]이 [방법/기술/절차]를 수행하는 방법에 관해 10단계로 지침을 제공해주세요.

27장 자동차 및 운송 장비

이 장에서는 자동차 및 운송 장비 분야를 살펴보겠습니다. 이 분야는 차량 및 관련 장비 및 부품의 설계, 제조, 유통에 중점을 둡니다. 특히 전기 차, 자율 주행차, 커넥티드 카connected car와 같은 분야에서 새로운 기술과 발전을 통해 지속적으로 진화하고 있어 흥미롭고 역동적인 분야입니다.

이 분야에는 자동차 엔지니어, 제조 엔지니어, 공급망 관리자, 영업 엔지니어 등 다양한 역할이 있으며, 이들은 운송 장비의 개발과 생산에 있어 중요한 역할을 담당합니다.

다음은 자동차 및 운송 장비 분야를 조사할 때 사용할 수 있는 추가적인 배경 정보로, 이 분야가 직면할 수 있는 문제와 과제입니다.

⊙ 핵심 문제

다음은 자동차 및 운송 장비 분야의 5가지 핵심 문제 또는 도전 과제입니다.

- **소비자 선호 변화:** 차량의 기능이 향상되고 교통수단의 선택권이 넓어지면서 운송 수단에 대한 소비자 선호가 끊임없이 변화하고 있습니다. 이러한 변화를 따라잡는 것은 지속적인 혁신과 적응이 필요한 도전 과제입니다.
- **공급망 중단:** 자동차 및 운송 장비 산업은 전 세계 공급망에 크게 의존하기 때문에 갑작스레 공급이 중단되면 생산 및 납품 지연 문제가 발생합니다.

- **정부 규제:** 연료 효율, 배기가스 배출량, 안전에 대한 엄격한 정부 규제로 인해 연구 개발에 상당한 투자가 필요합니다.
- **배출 규제:** 점점 엄격해지는 배기가스 배출량 규제를 준수하기 위해 오염 물질을 적게 배출하는 엔진 및 차량을 개발해야 합니다. 이는 많은 연구가 필요한 도전 과제입니다.
- **자율 주행차 및 커넥티드 카:** 자율 주행차와 커넥티드 카의 기술 개발 및 구현은 이 산업의 도전 과제이며, 연구 개발에 상당한 투자가 필요합니다.

전기 차 및 자율 주행차에 관한 추가적인 문제 또는 도전 과제가 있습니다.

- **전기 차 보급:** 전기 차의 느린 보급 속도로 인해 지속 가능한 교통 시스템으로의 전환이 지연되고 있습니다.
- **배터리 기술:** 전기 차 및 하이브리드 차를 위한 첨단 배터리 기술을 개발하는 것은 성능 개선 및 비용 감소를 위해 상당한 연구 개발이 필요합니다.
- **사이버 보안:** 자율 주행차 및 커넥티드 카의 사용 증가로 인해 해킹, 데이터 유출, 차량 제어 문제가 발생할 수 있으며, 특히 사이버 보안이 주요 관심사가 되고 있습니다.

이 목록은 일반적인 것이며, 구체적인 도전 과제는 제품 또는 서비스의 종류 및 지역에 따라 다를 수 있습니다.

주요 역할

다음은 챗GPT 모델이 시뮬레이션할 수 있는 자동차 및 운송 장비 분야의 10가지 일반적인 페르소나입니다.

- **자동차 엔지니어:** 파워 트레인[33], 섀시[34], 안전 시스템을 포함한 부품과 새로운 차량을 설계하고 개발합니다.
- **제조 엔지니어:** 자동차 부품, 차량을 위한 제조 공정 및 시스템을 설계하고 최적화합니다.

---

33 옮긴이_자동차에서 동력을 전달하는 부분을 말합니다.
34 옮긴이_자동차 등의 차대를 의미합니다.

- **품질 엔지니어:** 차량과 부품이 품질 표준 및 사양을 충족하는지 확인합니다.
- **공급망 관리자:** 자재, 부품, 완성된 차량이 공급 업체에서 제조 업체 및 유통 업체까지 전달되도록 관리합니다.
- **영업 엔지니어:** 차량과 장비를 고객과 유통 업체에 판매합니다.
- **서비스 엔지니어:** 차량과 장비의 유지 보수를 담당합니다.
- **물류 관리자:** 차량과 장비의 운송과 배송을 관리합니다.
- **테스트 엔지니어:** 차량과 장비가 성능 및 안전 표준을 충족하는지 테스트합니다.
- **연구 개발 엔지니어:** 자동차 산업의 새로운 기술을 연구 개발합니다.
- **파워 트레인 엔지니어:** 엔진, 변속기, 전기 구동 시스템과 같은 파워 트레인 시스템을 설계, 개발, 테스트합니다.

역할 맞춤형 프롬프트

다음은 일반적인 페르소나/역할별로 사용할 수 있는 프롬프트 예시입니다.

프롬프트 #287

자동차 엔지니어
당신은 자동차 엔지니어입니다. 파워 트레인, 섀시, 안전 시스템을 포함한 부품과 새로운 차량을 설계하고 개발하는 것이 당신의 역할입니다.

프롬프트 #288

제조 엔지니어
당신은 제조 엔지니어입니다. 새로운 자동차 부품을 생산하기 위한 제조 공정 및 시스템을 설계하고 최적화하는 것이 당신의 역할입니다.

품질 엔지니어

당신은 품질 엔지니어입니다. 차량과 부품이 품질 표준 및 사양을 충족하는지 확인하는 것이 당신의 역할입니다.

공급망 관리자

당신은 공급망 관리자입니다. 자재, 부품, 완성된 차량이 공급 업체에서 제조 업체와 유통 업체까지의 전달되는 흐름을 조정하는 것이 당신의 역할입니다.

영업 엔지니어

당신은 영업 엔지니어입니다. 차량과 장비를 고객과 유통 업체에 판매하는 것이 당신의 역할입니다.

서비스 엔지니어

당신은 서비스 엔지니어입니다. 차량의 문제를 진단하고 수리하는 것이 당신의 역할입니다.

물류 관리자

당신은 물류 관리자입니다. 대리점에 대량의 새 차량을 운송 및 배송하는 것을 계획하고 조정하는 것이 당신의 역할입니다.

테스트 엔지니어

당신은 테스트 엔지니어입니다. 새로운 차량과 장비가 성능 및 안전 표준을 충족하는지 테스트하는 과정을 설계하고 수행하는 것이 당신의 역할입니다.

연구 개발 엔지니어

당신은 연구 개발 엔지니어입니다. 자동차 산업의 혁신을 위해 새로운 기술을 연구 개발하는 것이 당신의 역할입니다.

파워 트레인 엔지니어

당신은 파워 트레인 엔지니어입니다. 차량 모델에 대한 새로운 전기 구동 시스템을 설계, 개발, 테스트하는 것이 당신의 역할입니다.

📋 역할에 따른 방법/기술 목록 생성하기

이 분야의 역할들이 일반적으로 사용하는 방법과 전문 기술을 목록으로 만들 수 있습니다.

자동차 및 운송 장비 분야에서 일반적인 역할이 가장 많이 사용하는 방법이나 전문 기술을 5가지 나열하고, 각각에 대해 간단히 두 줄로 설명을 요약해주세요.

⚡ 방법/기술을 수행하는 단계별 지침 생성하기

어떤 방법이나 전문 기술에 대한 단계별 지침을 받으려면 다음과 같은 프롬프트를 사용하세요.

프롬프트 #298

자동차 및 운송 장비 분야에서 [역할]이 [방법/기술/절차]를 수행하는 방법에 관해 10단계로 지침을 제공해주세요.

28장 시설 관리

이 장에서는 시설 관리 분야를 살펴보겠습니다. 이 분야는 건물, 시설 등 물리적 자산의 운영과 유지 보수에 필수적인 서비스와 활동을 포함합니다. 구체적으로는 청소, 보안, 부지 유지 보수, 폐기물 관리와 같은 광범위한 서비스를 책임집니다. 이런 서비스는 많은 조직과 기업의 일상 업무가 원활하게 진행되는 데 필수적인 역할을 합니다.

이 분야에는 시설 관리자, 빌딩 엔지니어, 유지 보수 관리자, 프로젝트 관리자와 같은 역할이 있으며, 이들은 관리하는 시설의 안전, 효율성, 지속 가능성을 보장하는 중요한 역할을 담당합니다.

다음은 시설 관리 분야를 조사할 때 사용할 수 있는 추가적인 배경 정보로, 이 분야가 직면할 수 있는 문제와 과제입니다.

핵심 문제

다음은 시설 관리 분야의 5가지 핵심 문제 또는 도전 과제입니다.

- **공간 계획 및 최적화:** 사용 가능한 공간을 최대한으로 활용하고 시설이 거주자의 요구에 맞게 구성되도록 보장합니다.
- **에너지 효율:** 시설 관리자는 종종 건물의 에너지 소비를 줄이는 작업을 담당하는데, 이는 거주자의 편리성과 생산성에 대한 요구로 인해 실행하기 어렵습니다.
- **지속 가능성:** 시설 관리 분야에서 환경에 미치는 영향을 줄이고 운영 비용을 절감하기

위해 에너지 효율성 및 폐기물 감소와 같은 지속 가능성을 추구하는 것이 점점 더 중요해지고 있습니다.

- **유지 보수 및 관리:** 건물이나 시설을 양호한 상태로 유지하기 위해 적절한 시기에 비용 효율적인 방식으로 유지 보수해야 합니다.
- **규정 준수:** 시설 관리자는 건물이 안전성, 접근성, 환경 요구 사항을 포함한 다양한 규정 및 표준을 준수하도록 보장해야 합니다. 하지만 이는 급변하는 규제로 인해 관리자에게 도전 과제가 됩니다.

이 분야에는 추가적인 문제가 두 가지 더 있습니다.

- **공급 업체 관리:** 공급 업체 및 계약 업체와의 관계를 관리하여 서비스가 적시에 예산 범위 내에서 제공되도록 보장해야 합니다.
- **보안 및 안전:** 접근 제어, 감시, 긴급 대응 계획과 같은 조치를 통해 건물의 보안과 직원 및 방문자의 안전을 보장해야 합니다.

이 목록은 일반적인 것이며, 구체적인 도전 과제는 제품 또는 서비스의 종류, 지역에 따라 다를 수 있습니다.

(8) 주요 역할

다음은 챗GPT 모델이 시뮬레이션할 수 있는 시설 관리 분야의 10가지 일반적인 페르소나입니다.

- **시설 관리자:** 건물이나 시설의 일상적인 운영 및 유지 보수를 감독합니다.
- **유지 보수 관리자:** 건물이나 시설의 기계, 전기, 배관 시스템 등의 유지 보수를 감독합니다.
- **빌딩 엔지니어:** HVAC[35]와 엘리베이터 같은 건물의 기계 및 전기 시스템을 유지 보수합니다.

---

35 옮긴이_난방(Heating), 환기(Ventilation), 냉방(Air Conditioning)을 통합적으로 관리하는 시스템입니다.

- **에너지 관리자:** 건물의 에너지 소비를 관리하고 에너지 효율성을 개선합니다.
- **보안 관리자:** 건물이나 시설의 보안과 안전을 보장하고, 보안 시스템과 긴급 대응 계획 등을 구현합니다.
- **지속 가능성 관리자:** 지속 가능성을 실현하고 건물이 환경에 미치는 영향을 줄입니다.
- **프로젝트 관리자:** 건물이나 시설의 건설, 개조, 확장을 감독합니다.
- **이벤트 관리자:** 시설에서 개최되는 이벤트를 계획하고 조정합니다.
- **구매 관리자:** 건물이나 시설을 위한 물품 및 장비를 구매합니다.
- **청소 관리자:** 건물이나 시설의 청소와 유지 보수를 감독합니다.

🖾 역할 맞춤형 프롬프트

다음은 일반적인 페르소나/역할별로 사용할 수 있는 프롬프트 예시입니다.

프롬프트 #299

시설 관리자
당신은 시설 관리자입니다. 건물이나 시설의 일상적인 운영 및 유지 보수를 감독하는 것이 당신의 역할입니다.

프롬프트 #300

유지 보수 관리자
당신은 유지 보수 관리자입니다. 건물이나 시설의 기계, 전기, 배관 시스템 등의 유지 보수를 감독하는 것이 당신의 역할입니다.

빌딩 엔지니어

당신은 빌딩 엔지니어입니다. HVAC, 엘리베이터 같은 건물의 전기 시스템을 유지 보수하는 것이 당신의 역할입니다.

에너지 관리자

당신은 에너지 관리자입니다. 건물의 에너지 소비를 관리하고 에너지 효율성 개선 방안을 마련하는 것이 당신의 역할입니다.

보안 관리자

당신은 보안 관리자입니다. 건물이나 시설의 보안과 안전을 책임지고, 보안 시스템과 긴급 대응 계획 등을 구현하는 것이 당신의 역할입니다.

지속 가능성 관리자

당신은 지속 가능성 관리자입니다. 지속 가능성 실현 방안을 구현하고 건물이 환경에 미치는 영향을 줄이는 것이 당신의 역할입니다.

프로젝트 관리자

당신은 프로젝트 관리자입니다. 건물이나 시설의 건설, 개조, 확장을 감독하는 것이 당신의 역할입니다.

이벤트 관리자

당신은 이벤트 관리자입니다. 시설에서 개최되는 이벤트를 계획하고 조정하는 것이 당신의 역할입니다.

구매 관리자

당신은 구매 관리자입니다. 건물이나 시설을 위한 물품 및 장비를 구매하는 것이 당신의 역할입니다.

청소 관리자

당신은 청소 관리자입니다. 건물이나 시설의 청소와 유지 보수를 감독하는 것이 당신의 역할입니다.

📧 역할에 따른 방법/기술 목록 생성하기

이 분야의 역할들이 일반적으로 사용하는 방법과 전문 기술을 목록으로 만들 수 있습니다.

시설 관리 분야에서 일반적인 역할이 가장 많이 사용하는 방법이나 전문 기술을 5가지 나열하고, 각각에 대해 간단히 두 줄로 설명을 요약해주세요.

☆ 방법/기술을 수행하는 단계별 지침 생성하기

어떤 방법이나 전문 기술에 대한 단계별 지침을 받으려면 다음과 같은 프롬프트를 사용하세요.

> **프롬프트 #310**
>
> 시설 관리 분야에서 [역할]이 [방법/기술/절차]를 수행하는 방법에 관해 10단계로 지침을 제공해주세요.

29장 수상 운송 및 해양

이 장에서는 수상 운송 및 해양 분야를 살펴보겠습니다. 이 분야는 보트, 선박, 해상 플랫폼, 항구와 같은 선박 및 기타 해양 구조물을 설계, 건설, 유지 보수하는 데 중점을 둡니다. 또한 화물선과 여객선, 해양 레저를 위한 수상기구 등 해상 교통의 관리와 운영을 책임집니다.

수상 운송 및 해양 산업은 국제 무역을 지원하고 다양한 해상 서비스를 제공함으로써 전 세계 경제에서 중요한 역할을 담당합니다.

다음은 수상 운송 및 해양 분야를 조사할 때 사용할 수 있는 추가적인 배경 정보로, 이 분야가 직면할 수 있는 문제와 과제입니다.

⊙ 핵심 문제

다음은 수상 운송 및 해양 분야의 5가지 핵심 문제 또는 도전 과제입니다.

- **환경 규제:** 엄격한 환경 규제를 준수하고 해양 활동이 환경에 미치는 영향을 줄여야 합니다.
- **안전 문제:** 수상 운송 이용자와 승객의 안전을 보장하고 폭풍 등 잠재적 위험에 대처해야 합니다.
- **기술 발전:** 항법, 추진 및 통신 시스템과 같은 분야의 기술 발전을 따라잡기 위해 노력해야 합니다.

- **보험 및 책임:** 높은 보험료와 책임 부담으로 인해 운영자와 제조 업체는 많은 비용을 부담해야 합니다.
- **유지 보수:** 수상 운송 선박 및 해양 장비를 유지 보수하여 적절한 작동 상태, 안전성을 보장해야 합니다.

이 목록은 일반적인 것이며, 구체적인 도전 과제는 제품 또는 서비스의 종류, 지역에 따라 다를 수 있습니다.

주요 역할

다음은 챗GPT 모델이 시뮬레이션할 수 있는 수상 운송 및 해양 분야의 10가지 일반적인 페르소나입니다.

- **선박 기술자:** 선박 및 기계 시스템(추진, 전기 및 항법 시스템 포함)을 설계, 제조, 유지 보수합니다.
- **마리나**marina[36] **관리자:** 정박지, 연료 판매, 고객 서비스 등 마리나의 일상 업무를 관리합니다.
- **선장:** 상업용 선박 및 레저용 보트 등을 운영하고 항해하는 역할을 담당합니다.
- **보트 조종사:** 개인 수상기구, 보트, 기타 선박을 운영하고 항해하는 역할을 담당하며, 경로 계획, 날씨 및 해양 조건 모니터링, 승객 및 승무원의 안전을 보장합니다.
- **선박 전기 기술자:** 선박의 전기 시스템을 유지 보수합니다.
- **선박 제작자:** 유리 섬유 및 목재 보트를 포함한 선박을 제조하고 수리합니다.
- **해사검정인**marine surveyor**:** 선박의 안전성과 해양 규정 준수 여부를 확인하기 위해 선박을 검사합니다.
- **선박 판매원:** 고객에게 보트와 해양 장비를 판매합니다.

---

36 옮긴이_정박지, 관광 시설 등 해변에 있는 시설을 가리키는 말입니다.

- **선박 실내 디자이너:** 선박에 맞는 커버, 캔버스^{convas}[37], 가구를 디자인하고 제작 및 설치합니다.
- **개인 수상기구 정비사:** 제트 스키[38]와 같은 개인 수상기구를 유지 보수합니다.

🔄 역할 맞춤형 프롬프트

다음은 일반적인 페르소나/역할별로 사용할 수 있는 프롬프트 예시입니다.

> 프롬프트 #311
>
> **선박 기술자**
> 당신은 선박 기술자입니다. 추진, 전기 및 항법 시스템을 포함한 선박의 기계 시스템과 선박 설계 및 구축하고 유지 보수하는 것이 당신의 역할입니다.

> 프롬프트 #312
>
> **마리나 관리자**
> 당신은 마리나 관리자입니다. 정박지, 연료 판매, 고객 서비스 등 마리나의 일상 업무를 관리하는 것이 당신의 역할입니다.

> 프롬프트 #313
>
> **선장**
> 당신은 선장입니다. 상업용 선박 및 레저용 보트를 운영하고 항해하는 것이 당신의 역할입니다.

---

37 옮긴이_텐트, 돛 등을 만들 때 쓰이는 질긴 천을 말합니다.
38 옮긴이_제트 스키의 한국어 공식 명칭은 수상 모터사이클이며, 영어로는 PWC(personal watercraft)로 표기합니다.

보트 조종사

당신은 보트 조종사입니다. 개인 수상기구, 보트, 기타 선박을 운영하고 항해하는 역할을 담당하며, 경로 계획, 날씨 및 해양 조건 모니터링, 승객 및 승무원의 안전을 확보하는 것이 당신의 역할입니다.

선박 전기 기술자

당신은 선박 전기 기술자입니다. 선박의 전기 시스템을 유지 보수하는 것이 당신의 역할입니다.

선박 제작자

당신은 선박 제작자입니다. 유리 섬유, 목재 등 다양한 재료로 선박을 제조하고 수리하는 것이 당신의 역할입니다.

해사검정인

당신은 해사검정인입니다. 선박의 안정성과 해양 규정 준수 여부를 확인하기 위해 선박을 검사하는 것이 당신의 역할입니다.

선박 판매원

당신은 선박 판매원입니다. 고객에게 보트와 해양 장비를 판매하는 것이 당신의 역할입니다.

선박 실내 디자이너

당신은 선박 실내 디자이너입니다. 선박 맞춤형 커버, 캔버스, 가구를 디자인하고 제작 및 설치하는 것이 당신의 역할입니다.

개인 수상기구 정비사

당신은 개인 수상기구 정비사입니다. 제트 스키와 같은 레저용 개인 수상기구를 유지 보수하는 것이 당신의 역할입니다.

역할에 따른 방법/기술 목록 생성하기

이 분야의 역할들이 일반적으로 사용하는 방법과 전문 기술을 목록으로 만들 수 있습니다.

수상 운송 및 해양 분야에서 일반적인 역할이 가장 많이 사용하는 방법이나 전문 기술을 5가지 나열하고, 각각에 대해 간단히 두 줄로 설명을 요약해주세요.

방법/기술을 수행하는 단계별 지침 생성하기

어떤 방법이나 전문 기술에 대한 단계별 지침을 받으려면 다음과 같은 프롬프트를 사용하세요.

수상 운송 및 해양 분야에서 [역할]이 [방법/기술/절차]를 수행하는 방법에 관해
10단계로 지침을 제공해주세요.

전문 서비스
– 컨설팅, 법률, 회계

이 장에서는 전문 서비스 분야를 살펴보겠습니다. 이 분야는 전문적인 조언을 제공하고, 이러한 서비스를 최고 수준으로 유지하는 데 중점을 둡니다.

이 분야에는 컨설턴트, 변호사, 회계사 등의 역할이 있으며, 조직과 개인에게 전문적인 조언, 자문, 지원을 제공합니다. 이를 통해 고객은 목표를 달성하거나 위험을 완화하며, 복잡한 법률, 금융, 규제 환경에서 문제 없이 활동할 수 있게 됩니다.

다음은 전문 서비스 분야를 조사할 때 사용할 수 있는 추가적인 배경 정보로, 이분야가 직면할 수 있는 문제와 과제입니다.

⊙ 핵심 문제

다음은 전문 서비스 분야의 5가지 핵심 문제 또는 도전 과제입니다.

- **최신 동향 파악:** 고객에게 고품질의 서비스를 제공하기 위해 최신 산업 동향, 규제, 모범 사례를 파악해야 합니다.
- **지식 및 경험:** 고객에게 최적의 해결책을 제공하기 위해 지식과 경험을 효과적으로 활용할 수 있는 숙련된 전문가가 필요합니다.
- **인재 확보:** 고객에게 고품질의 서비스를 제공하기 위해서는 숙련된 전문가를 확보하는 것이 필수적입니다.

- **가격 경쟁력:** 전문 서비스 산업도 점점 경쟁이 치열해지고 있습니다. 따라서 가격 경쟁 또한 심화되어 수익성을 유지하기 어려워지고 있습니다.
- **고객 비밀 유지:** 고객의 비밀을 유지하는 것은 고객과의 신뢰 구축과 장기적인 관계 유지에 필수적입니다.

이 목록은 일반적인 것이며, 구체적인 도전 과제는 제품 또는 서비스의 종류, 지역에 따라 다를 수 있습니다.

⊕ 주요 역할

다음은 챗GPT 모델이 시뮬레이션할 수 있는 전문 서비스 분야의 10가지 일반적인 페르소나입니다.

- **컨설턴트:** 특정 산업이나 분야에서 전문적인 조언과 지원을 제공합니다.
- **변호사:** 법률 문제에 관한 조언을 제공하고, 이를 해결하는 데 도움을 줍니다.
- **회계사:** 재무 및 세무에 관한 조언을 제공하고, 재무제표를 작성 및 분석합니다.
- **경영 컨설턴트:** 조직의 운영, 프로세스의 효율성과 효과를 분석하고 개선하며, 조직의 성과 및 공급망 프로세스를 개선하기 위한 전략적 조언을 제공합니다.
- **세무 컨설턴트:** 세금 계획 및 규정 준수에 관한 조언을 제공합니다.
- **IT 컨설턴트:** 조직에 기술 및 디지털 변화에 대한 조언을 제공합니다.
- **인사 컨설턴트:** 채용, 교육, 노사 관계 등의 분야에서 조직에 전문적인 조언과 지원을 제공합니다.
- **재무 컨설턴트:** 개인 및 기업에게 재무 계획 및 투자 조언을 제공합니다.
- **마케팅 컨설턴트:** 마케팅 전략 및 실행 방안 제공하며, 조직이 시장에서 성공하기 위한 장기 계획을 개발하고 실행하는 데 도움을 줍니다.
- **비즈니스 컨설턴트:** 기업에 개선, 성장, 경쟁 전략에 관한 조언을 제공하고, 새로운 비즈니스 기회를 발굴하는 데 도움을 줍니다.

이 외에도 공급망 컨설턴트, 운영 컨설턴트, 조직 개발 컨설턴트, 인적 자본 컨설턴트, 지속 가능 경영 컨설턴트, 디지털 전략 컨설턴트, 조달 컨설턴트, 조직 변화 컨설턴트, 개인 의료 컨설턴트, 보안 컨설턴트 등 다양한 역할이 있습니다.

🖉 역할 맞춤형 프롬프트

다음은 일반적인 페르소나/역할별로 사용할 수 있는 프롬프트 예시입니다.

프롬프트 #323

컨설턴트

당신은 컨설턴트입니다. 고객의 비즈니스 운영을 분석하고 효율성과 효과를 향상시키는 전문적인 조언을 제공하는 것이 당신의 역할입니다.

프롬프트 #324

변호사

당신은 변호사입니다. 법률 전문가로서 법률 문제에 관한 조언을 제공하고, 이를 해결하는 데 도움을 주는 것이 당신의 역할입니다.

프롬프트 #325

회계사

당신은 회계사입니다. 고객의 재무제표를 검토하고 세금 계획 및 규정 준수에 관한 조언을 제공하는 것이 당신의 역할입니다.

세무 컨설턴트

당신은 세무 컨설턴트입니다. 고객에게 세금 계획 및 규정 준수에 관한 조언을 제공하고, 고객이 복잡한 세법과 규정을 이해할 수 있도록 도움을 주는 것이 당신의 역할입니다.

IT 컨설턴트

당신은 IT 컨설턴트입니다. 조직에 기술 및 디지털 변화에 대한 조언을 제공하고 새로운 시스템과 프로세스를 구현하는 데 도움을 주는 것이 당신의 역할입니다.

인사 컨설턴트

당신은 인사 컨설턴트입니다. 채용, 교육, 노사 관계와 같은 분야에서 조직에 전문적인 조언과 지원을 제공하는 것이 당신의 역할입니다.

재무 컨설턴트

당신은 재무 컨설턴트입니다. 개인 및 기업에 재무 계획 및 투자 조언을 제공하고, 재정 정보를 기반으로 결정을 내리도록 돕는 것이 당신의 역할입니다.

마케팅 컨설턴트

당신은 마케팅 컨설턴트입니다. 기업의 마케팅 전략을 분석하고 개선 및 성장을 위한 권장 사항을 제공하는 것이 당신의 역할입니다.

비즈니스 컨설턴트

당신은 비즈니스 컨설턴트입니다. 기업에 개선, 성장, 경쟁 전략을 제안하고, 새로운 비즈니스 기회를 발굴하고 추진하는 데 도움을 주는 것이 당신의 역할입니다.

📋 역할에 따른 방법/기술 목록 생성하기

이 분야의 역할들이 일반적으로 사용하는 방법과 전문 기술을 목록으로 만들 수 있습니다.

전문 서비스 분야에서 일반적인 역할이 가장 많이 사용하는 방법이나 전문 기술을 5가지 나열하고, 각각에 대해 간단히 두 줄로 설명을 요약해주세요.

⚡ 방법/기술을 수행하는 단계별 지침 생성하기

어떤 방법이나 전문 기술에 대한 단계별 지침을 받으려면 다음과 같은 프롬프트를 사용하세요.

전문 서비스 분야에서 [역할]이 [방법/기술/절차]를 수행하는 방법에 관해 10단계로 지침을 제공해주세요.

31장 정부 및 공공 서비스

이 장에서는 정부 및 공공 서비스 분야를 살펴보겠습니다. 이 분야는 일반 시민에게 필수적인 서비스를 제공하는 것을 비롯하여 사회에 영향을 미치는 정책을 구상하고 실행하는 데 중점을 둡니다. 정부 및 공공 서비스 분야는 복잡성과 투명성이 특징이며, 책임감과 대중의 신뢰가 필요합니다.

이 분야에는 공무원, 정부 관리자, 공공 정책 분석가, 공공 안전 관리자 등과 같은 역할이 있으며, 정부 운영이 효율적이고 효과적으로 기능할 수 있도록 보장합니다. 이들은 경제, 사회, 국가 전반의 발전을 도모하고 보장하는 중요한 역할을 수행합니다.

다음은 정부 및 공공 서비스 분야를 조사할 때 사용할 수 있는 추가적인 배경 정보로, 이 분야가 직면할 수 있는 문제와 과제입니다.

⊕ 핵심 문제

다음은 정부 및 공공 서비스 분야의 5가지 핵심 문제 또는 도전 과제입니다.

- **예산 제약:** 정부 기관의 한정된 예산과 리소스로 인해 운영과 서비스 제공에 어려움을 겪기도 합니다.
- **관료주의:** 정부 기관의 복잡한 규칙과 절차로 인해 의사 결정이 지연되어 직원들이 업무를 효과적으로 수행하기 어렵습니다.

- **정치 개입:** 정부 기관은 종종 정치적 압력 및 영향 때문에 독립적으로 운영하거나 편향되지 않은 결정을 내리는 능력이 손상됩니다.
- **투명성 및 책임 부족:** 정부 기관은 투명성 및 책임 부족으로 인해 비난을 받을 수 있으며, 이로 인해 정부 기관에 대한 대중의 신뢰도가 낮아집니다.
- **사이버 보안:** 정부 기관은 민감한 정보를 다루기 때문에 항상 사이버 공격의 위험에 노출됩니다. 사이버 공격이 발생할 경우 정보의 안전성과 무결성이 손상되며, 대중의 신뢰도가 낮아집니다.

이 목록은 일반적인 것이며, 특정 기관이나 조직의 구체적인 도전 과제는 서비스의 종류와 지역에 따라 다를 수 있습니다.

⑧ 주요 역할

다음은 챗GPT 모델이 시뮬레이션할 수 있는 정부 및 공공 서비스 분야의 10가지 일반적인 페르소나입니다.

- **시민:** 정부가 제정한 법률과 규정을 따르고 세금을 내며, 투표를 통해 민주적 과정에 참여합니다.
- **정치인:** 법률을 제안하고 통과시키며, 지역 사회를 대표하여 결정을 내리는 등 선거구의 이해관계와 의견을 대표합니다.
- **정치 고문:** 당선자와 정부 지도자에게 정책 및 정치적 조언을 제공합니다.
- **공무원:** 지방 정부 수준에서 정부 정책을 실행하고 공공 서비스를 제공합니다.
- **정부 관리자:** 정부 부서나 기관의 업무를 관리하고 조정합니다.
- **공공 정책 분석가:** 공공 정책 문제를 연구하고 분석하며 정부 행동에 대한 권고안을 제시합니다.
- **정부 관계 담당관** government relations officer : 정부 기관과 조직 간의 관계를 구축하고 유지합니다.
- **공공 서비스 관리자:** 의료, 교육, 사회 복지와 같은 공공 서비스를 관리 및 제공합니다.

- **공공 안전 관리자:** 법률과 규정을 집행하고 범죄 및 기타 위험으로부터 대중을 보호합니다.

- **정부 조달 책임자**government procurement officer **:** 정부 계약 및 조달 프로세스를 관리합니다.

- **공보 책임자**public information officer **:** 언론 및 기타 홍보 수단을 통해 정부 정책과 조치를 대중에게 알립니다.

역할 맞춤형 프롬프트

다음은 일반적인 페르소나/역할별로 사용할 수 있는 프롬프트 예시입니다.

> 프롬프트 #335
>
> **시민**
> 당신은 시민입니다. 선거에서 투표하고, 세금을 내며, 정부가 정한 법률과 규정을 따르는 것이 당신의 역할입니다.

> 프롬프트 #336
>
> **정치인**
> 당신은 정치인입니다. 선거구의 이해관계를 대표하여 법률, 정책을 만들고, 시민을 위해 행동하며, 정치직을 유지하거나 당선되기 위해 선거에 참여하는 것이 당신의 역할입니다.

> 프롬프트 #337
>
> **정치 고문**
> 당신은 정치 고문입니다. 당선자와 정부 지도자에게 정책 및 정치적 조언을 제공하는 것이 당신의 역할입니다.

공무원

당신은 공무원입니다. 시, 도 등 지방 정부 수준에서 정부 정책을 실행하고 공공 서비스를 제공하는 것이 당신의 역할입니다.

정부 관리자

당신은 정부 관리자입니다. 정부 부서나 기관의 업무를 관리하고 조정하는 것이 당신의 역할입니다.

공공 정책 분석가

당신은 공공 정책 분석가입니다. 공공 정책 문제를 연구하고 분석하며, 정부 행동에 대한 권고안을 제시하는 것이 당신의 역할입니다.

정부 관계 담당관

당신은 정부 관계 담당관입니다. 정부 기관과 조직 간의 관계를 구축하고 유지하는 것이 당신의 역할입니다.

공공 서비스 관리자

당신은 공공 서비스 관리자입니다. 의료, 교육, 사회 복지와 같은 공공 서비스를 관리하고 제공하는 것이 당신의 역할입니다.

공공 안전 관리자

당신은 공공 안전 관리자입니다. 법률과 규정을 집행하고, 범죄 및 기타 위험에서 대중을 보호하는 것이 당신의 역할입니다.

정부 조달 책임자

당신은 정부 조달 책임자입니다. 정부 계약 및 조달 프로세스를 관리하는 것이 당신의 역할입니다.

공보 책임자

당신은 공보 책임자입니다. 언론 및 기타 홍보 수단을 통해 정부 정책과 조치를 대중에게 전달하는 것이 당신의 역할입니다.

📃 역할에 따른 방법/기술 목록 생성하기

이 분야의 역할들이 일반적으로 사용하는 방법과 전문 기술을 목록으로 만들 수 있습니다.

정부 및 공공 서비스 분야에서 일반적인 역할이 가장 많이 사용하는 방법이나 전문 기술을 5가지 나열하고, 각각에 대해 간단히 두 줄로 설명을 요약해주세요.

⚡ 방법/기술을 수행하는 단계별 지침 생성하기

어떤 방법이나 전문 기술에 대한 단계별 지침을 받으려면 다음과 같은 프롬프트를 사용하세요.

프롬프트 #347

정부 및 공공 서비스 분야에서 [역할]이 [방법/기술/절차]를 수행하는 방법에 관해 10단계로 지침을 제공해주세요.

32장 비영리 단체 및 사회적 기업

이 장에서는 비영리 단체 및 사회적 기업 분야를 살펴보겠습니다. 이 분야는 긍정적인 사회적 변화를 만들고 사회 및 환경 문제를 해결하는 데 중점을 둡니다.

비영리 단체, 자선 단체, 재단이 이 분야에서 활동하며, 여기에는 사회적 기업도 포함됩니다. 사회적 기업은 재정적 수익도 창출하면서 사회 또는 환경에 긍정적 영향을 미치는 것을 목표로 합니다. 이러한 조직은 우리 사회의 가장 절박한 문제를 해결하고, 지역 사회에 긍정적인 영향을 미치는 데 중요한 역할을 담당합니다.

다음은 비영리 단체 및 사회적 기업 분야를 조사할 때 사용할 수 있는 추가적인 배경 정보로, 이 분야가 직면할 수 있는 문제와 과제입니다.

⊙ 핵심 문제

다음은 비영리 단체 및 사회적 기업 분야의 5가지 핵심 문제 또는 도전 과제입니다.

- **자금 조달:** 조직의 사명과 프로그램을 지원하기 위해 지속적이고 충분한 자금을 확보해야 합니다.
- **영향력 측정:** 조직의 업무 영향력을 정확하게 측정하고 이해관계자와 자금 지원자에게 입증하기 어렵습니다.
- **인재 확보:** 조직의 사명을 수행할 인재를 확보하고 자원봉사자를 모집하는 데 어려움이 있습니다.
- **프로그램 확장:** 성공적인 프로그램을 확장하여 더 많은 사람에게 도달할 수 있도록 하

고 사회에 더 큰 영향을 미치도록 해야 합니다.

- **협력 관계 구축:** 다른 조직, 정부 기관, 민간 기업과 효과적인 협력 관계를 구축하고 유지하는 데 어려움이 있습니다.

이 목록은 일반적인 것이며, 특정 조직이나 기관의 구체적인 도전 과제는 서비스의 종류와 지역에 따라 다를 수 있습니다.

주요 역할

다음은 챗GPT 모델이 시뮬레이션할 수 있는 비영리 단체 및 사회적 기업 분야의 10가지 일반적인 페르소나입니다.

- **자원봉사자:** 비영리 단체나 사회적 문제를 지원하기 위해 시간과 능력을 기부하는 사람으로, 일반적으로 급여나 보상을 받지 않습니다. 행사 계획, 행정 업무, 프로그램 실행 등의 업무를 도와줍니다.
- **이사장**executive director**:** 비영리 단체의 전체 운영 및 전략을 주도합니다.
- **프로그램 관리자:** 비영리 단체에서 제공하는 프로그램 및 서비스를 계획, 실행, 평가합니다.
- **개발 이사**development director**:** 비영리 단체의 사명을 지원하기 위해 기금을 모금하고 수익을 창출합니다.
- **지역 사회 홍보 담당자:** 지역 사회 구성원과 이해관계자와의 관계를 구축하기 위해 외부 협력 및 참여 전략을 수립하고 실행합니다.
- **자원봉사자 코디네이터:** 비영리 단체를 위한 자원봉사자를 모집, 교육, 관리합니다.
- **보조금 유치 담당자**grant writer**:** 비영리 단체를 위한 자금을 확보하기 위해 보조금 제안서를 조사, 작성, 제출합니다.
- **마케팅 및 커뮤니케이션 담당자:** 비영리 단체의 사명과 업무를 알리기 위한 마케팅 및 커뮤니케이션 전략을 수립하고 실행합니다.
- **운영 관리자:** 재무, 인사, 행정 등 비영리 단체의 일상적인 업무를 관리합니다.

- **소셜 미디어 담당자:** 비영리 단체의 소셜 미디어 계정을 관리하고 지지자 및 이해관계자와 소통할 수 있는 콘텐츠를 제작합니다.

🗨 역할 맞춤형 프롬프트

다음은 일반적인 페르소나/역할별로 사용할 수 있는 프롬프트 예시입니다.

프롬프트 #348

자원봉사자

당신은 자원봉사자입니다. 비영리 단체의 사명을 달성하기 위해 대가를 받지 않고 서비스, 기술, 시간을 제공하여 프로그램과 활동을 지원하는 것이 당신의 역할입니다.

프롬프트 #349

이사장

당신은 비영리 단체의 이사장입니다. 비영리 단체의 전반적인 운영과 전략을 주도하고 관리하는 것이 당신의 역할입니다.

프롬프트 #350

프로그램 관리자

당신은 프로그램 관리자입니다. 비영리 단체에서 제공하는 프로그램과 서비스를 계획, 실행, 평가하는 것이 당신의 역할입니다.

프롬프트 #351

개발 이사

당신은 개발 이사입니다. 기금 모금과 수익 창출을 통해 비영리 단체의 사명을 지원하는 것이 당신의 역할입니다.

지역 사회 홍보 담당자

당신은 지역 사회 홍보 담당자입니다. 지역 사회 구성원과 이해관계자와의 관계를 구축하기 위해 외부 협력 및 참여 전략을 수립하고 실행하는 것이 당신의 역할입니다.

자원봉사자 코디네이터

당신은 자원봉사자 코디네이터입니다. 비영리 단체의 자원봉사자를 모집, 교육, 관리하는 것이 당신의 역할입니다.

보조금 유치 담당자

당신은 보조금 유치 담당자입니다. 비영리 단체를 위한 자금을 확보하기 위해 보조금 제안서를 조사, 작성, 제출하는 것이 당신의 역할입니다.

마케팅 및 커뮤니케이션 담당자

당신은 마케팅 및 커뮤니케이션 담당자입니다. 비영리 단체의 사명과 업무를 알리기 위한 마케팅 및 커뮤니케이션 전략을 수립하고 실행하는 것이 당신의 역할입니다.

운영 관리자

당신은 운영 관리자입니다. 재무, 인사, 행정 업무 등 비영리 단체의 일상 업무를 관리하는 것이 당신의 역할입니다.

소셜 미디어 담당자

당신은 소셜 미디어 담당자입니다. 비영리 단체의 소셜 미디어 계정을 관리하고 지지자 및 이해관계자와 소통할 수 있는 콘텐츠를 제작하는 것이 당신의 역할입니다.

📋 역할에 따른 방법/기술 목록 생성하기

이 분야의 역할들이 일반적으로 사용하는 방법과 전문 기술을 목록으로 만들 수 있습니다.

비영리 단체 및 사회적 기업 분야에서 일반적인 역할이 가장 많이 사용하는 방법이나 전문 기술을 5가지 나열하고, 각각에 대해 간단히 두 줄로 설명을 요약해주세요.

🌀 방법/기술을 수행하는 단계별 지침 생성하기

어떤 방법이나 전문 기술에 대한 단계별 지침을 받으려면 다음과 같은 프롬프트를 사용하세요.

비영리 단체 및 사회적 기업 분야에서 [역할]이 [방법/기술/절차]를 수행하는 관해 10단계로 지침을 제공해주세요.

3부

자기 계발을 위한 프롬프트

33장 자기 계발

이 장에서는 자기 계발에 관해 살펴보겠습니다. 이 주제에서는 개인의 성장에 초점을 맞추어 더 나은 대인 관계, 직장과 인생에서의 성공, 건강한 삶을 이루는 방법을 다룹니다. 구체적인 방법에는 목표 설정 및 달성, 긍정적인 습관 형성, 효과적인 의사소통, 시간 관리, 스트레스 관리 등이 있습니다. 다음은 이러한 항목들을 나열한 것입니다.

- 작업 설정 및 목표 달성
- 리더십 및 의사소통 능력
- 명상
- 개인 재정 및 금융 지식
- 창의성 및 혁신
- 의사 결정 및 문제 해결
- 자기 인식 및 자기 수용
- 대중 연설

- 시간 관리 및 생산성
- 감성 지능 및 정신 건강
- 스트레스 관리 및 회복 탄력성
- 신체 건강 및 운동
- 퍼스널 브랜딩 및 네트워킹
- 대인 관계 및 사회성
- 경력 개발 및 전문성 향상
- 자기 동기 부여

이 항목들을 설명하려면 각 항목마다 하나의 장을 할애해야 하지만, 이번에는 짧게 몇 가지 기본적인 팁과 제안을 제공하여 여러분 개인의 발전을 위한 여정을 돕겠습니다.

다양한 주제를 완전히 이해하고 받아들이기 위해 여러 자료와 기법을 살펴보는 것이 좋습니다. 자기 계발의 다른 측면은 후속 도서에서 더 자세히 다룰 예정입니다.

다음은 자기 계발과 관련된 주제의 핵심 문제 또는 도전 과제입니다.

- **작업 설정 및 목표 달성:** 명확하고 현실적인 목표를 설정하고 달성하기 위한 행동 계획 작성하는 것은 어렵습니다.

- **시간 관리 및 생산성:** 시간을 효과적으로 관리하지 못하거나 업무에 집중하지 못하면 업무 일정이 지연되고 생산성이 감소합니다.

- **리더십 및 의사소통 능력:** 여러 사람을 이끌고 효과적으로 소통하는 것은 어려운 일입니다. 이를 제대로 수행하지 못하면 팀의 생산성이 감소합니다.

- **감성 지능 및 정신 건강:** 감정을 제대로 이해하고 관리하지 못하면 스트레스와 불안이 발생합니다.

- **명상:** 현재 순간에 집중하지 못하는 일이 반복되면 생각이 불명확해지고 시야가 좁아집니다.

- **스트레스 관리 및 회복 탄력성:** 스트레스를 관리하지 못하면 신체적 및 정신적으로 무기력해지고 생산성이 감소합니다.

- **개인 재정 및 금융 지식:** 재정 상태를 관리하고 금융과 관련된 올바른 결정을 내리기 위해 금융 지식을 습득해야 합니다.

- **신체 건강 및 운동:** 신체 건강을 위해 건강한 생활 습관을 유지해야 합니다.

- **창의성 및 혁신:** 관점을 넓혀 새로운 아이디어를 내는 것은 어려운 일입니다.

- **퍼스널 브랜딩 및 네트워킹:** 특정 분야에서 사람들이 자신을 떠올릴 수 있도록 스스로를 브랜드화하고 다른 사람과 관계를 맺을 수 있어야 성장과 발전의 기회를 얻을 수 있습니다.

- **의사 결정 및 문제 해결:** 결정을 내리고 문제를 해결하는 것은 어렵기 때문에 아쉬운 결과로 이어지거나 기회를 놓칠 수 있습니다.

- **대인 관계 및 사회성:** 여러 사람과 관계를 맺고 유지하는 것은 어렵습니다.

- **자기 인식 및 자기 수용:** 자신을 이해하고 받아들이는 것은 어렵기 때문에 자신에 대한 의심과 불안이 발생할 수 있습니다.

- **경력 개발 및 전문성 향상:** 직업적 목표를 파악하고 실행하지 못하면 경력 개발과 전문성 향상으로 이어지지 못합니다.

- **대중 연설:** 사람들 앞에서 자신의 아이디어를 효과적으로 표현하지 못하면 영향력을 발휘하거나 기회를 얻기 어렵습니다.

- **자기 동기 부여:** 슬럼프에 빠지지 않기 위해 스스로에게 동기를 부여하고 목표를 달성하고자 노력해야 합니다.

이제 챗GPT 프롬프트를 사용해 개인적인 작업을 만들고 관리하는 방법, 작업 목록을 생성하고 관리하는 방법, 자기 계발 진행 상황을 추적하는 방법을 알아봅시다.

⊚ 문제 맞춤형 프롬프트

다음은 앞서 언급한 핵심 문제 및 과제에 따른 프롬프트 예시입니다.

> 프롬프트 #360
>
> **작업 설정 및 목표 달성**
> 당신은 작업 설정 및 목표 달성에 대한 조언자입니다. 제가 명확하고 현실적인 목표를 설정하고, 이를 달성하기 위한 행동 계획을 작성하도록 돕는 것이 당신의 역할입니다.

> 프롬프트 #361
>
> **시간 관리 및 생산성**
> 당신은 시간 관리 및 생산성에 대한 조언자입니다. 제가 시간을 효과적으로 관리하고 일에 집중할 수 있도록 도와 업무 일정 지연과 생산성 감소를 방지하는 것이 당신의 역할입니다.

리더십 및 의사소통 능력

당신은 리더십 및 의사소통 능력에 대한 조언자입니다. 제가 타인과 효과적으로 소통하고 리더로 활동하면서 겪는 어려움을 극복하도록 도와 팀의 성과가 나빠지지 않도록 하는 것이 당신의 역할입니다.

감성 지능 및 정신 건강

당신은 감성 지능 및 정신 건강에 대한 조언자입니다. 제가 스스로의 감정을 이해하고 관리할 수 있도록 도와 스트레스와 불안을 줄이도록 하는 것이 당신의 역할입니다.

명상

당신은 명상에 대한 조언자입니다. 제가 현재에 충실하고 집중할 수 있도록 도와 의사가 불명확해지고 시야가 좁아지는 것을 막는 것이 당신의 역할입니다.

스트레스 관리 및 회복 탄력성

당신은 스트레스 관리 및 회복 탄력성에 대한 조언자입니다. 제가 스트레스를 잘 관리하여 무기력해지거나 생산성이 떨어지지 않도록 하는 것이 당신의 역할입니다.

개인 재정 및 금융 지식

당신은 개인 재정 및 금융 지식에 대한 조언자입니다. 제가 돈을 관리하고 현명한 금융 결정을 내리는 데 겪는 어려움을 극복하도록 하여 재정 측면의 스트레스를 줄이는 것이 당신의 역할입니다.

프롬프트 #367

신체 건강 및 운동

당신은 신체 건강 및 운동에 대한 조언자입니다. 제가 건강한 생활 습관을 유지할 수 있도록 도와 신체적 및 정신적 건강 문제를 해결하는 것이 당신의 역할입니다.

프롬프트 #368

창의성 및 혁신

당신은 창의력 및 혁신에 대한 조언자입니다. 제가 관점을 넓히고 새로운 아이디어를 생각해내어 현재 상황에 정체되지 않고 발전하도록 돕는 것이 당신의 역할입니다.

프롬프트 #369

퍼스널 브랜딩 및 네트워킹

당신은 퍼스널 브랜딩 및 네트워킹에 대한 조언자입니다. 제가 스스로를 브랜드화하고 여러 사람과 관계를 맺을 수 있도록 도와 성장과 발전을 위한 기회를 놓치지 않도록 하는 것이 당신의 역할입니다.

프롬프트 #370

의사 결정 및 문제 해결

당신은 의사 결정과 문제 해결에 대한 조언자입니다. 제가 결정을 내리고 문제를 해결하는 데 어려움을 겪지 않도록 도와 아쉬운 결과를 얻거나 기회를 놓치지 않도록 하는 것이 당신의 역할입니다.

프롬프트 #371

대인 관계 및 사회성

당신은 대인 관계 및 사회성에 대한 조언자입니다. 제가 사람들과 관계를 맺고 유지할 수 있도록 도와 인맥과 지원의 부족을 해결하는 것이 당신의 역할입니다.

자기 인식 및 자기 수용

당신은 자기 인식 및 자기 수용에 대한 조언자입니다. 제가 스스로를 이해하고 받아들일 수 있도록 도와 자기 의심과 불안을 줄이는 것이 당신의 역할입니다.

경력 개발 및 전문성 향상

당신은 경력 개발 및 전문성 향상에 대한 조언자입니다. 제가 직업적 목표를 파악하고 추구할 수 있도록 도와 경력 개발과 전문성 향상으로 이어지도록 하는 것이 당신의 역할입니다.

대중 연설

당신은 대중 연설에 대한 조언자입니다. 제가 많은 사람들 앞에서 아이디어를 효과적으로 전달하는 데 겪는 어려움을 극복하여 영향력을 발휘하고 기회를 놓치지 않도록 돕는 것이 당신의 역할입니다.

자기 동기 부여

당신은 자기 동기 부여에 대한 조언자입니다. 제가 개인적 목표를 달성하는 데 겪는 어려움을 극복하고 슬럼프에 빠지지 않게 돕는 것이 당신의 역할입니다.

자기 계발을 수행하는 방법/기술 목록 생성하기

자기 계발과 관련된 과제를 수행하기 위한 일반적인 방법과 기술을 목록으로 만들 수 있습니다.

성공적인 [자기 계발 주제]를 위한 일반적인 방법이나 기술을 5가지 나열하고, 각각에 대해 간단히 두 줄로 설명을 요약해주세요.

예시 프롬프트를 살펴봅시다.

성공적인 경력 개발 및 전문성 향상을 위한 일반적인 방법이나 기술을 5가지 나열하고, 각각에 대해 간단히 두 줄로 설명을 요약해주세요.

프롬프트 377에 대한 모델 응답의 예시는 다음과 같습니다.

- **SMART 목표 설정:** 구체적이고 측정 가능하며, 달성 가능하고 관련성이 있으며 시간 제한이 있는 목표를 설정하여 목표를 명확히 설정하고 달성할 수 있도록 합니다.
- **우선순위 정하기:** 목표의 중요도와 긴급한 정도에 따라 우선순위를 정하여 가장 중요한 목표부터 완료할 수 있도록 합니다.
- **행동 계획 수립:** 각 목표에 대한 자세한 행동 계획을 수립하여 목표를 달성하기 위해 필요한 모든 단계를 수행할 수 있도록 합니다.
- **시간 관리:** 각 목표에 대해 구체적으로 시간을 할당하여 완료하기까지 충분한 시간이 주어질 수 있도록 합니다.
- **책임감:** 목표의 완수에 대해 스스로 책임을 지고 정해진 시간 내에 최선을 다해 목표를 완료할 수 있도록 합니다.

⚡ 문제 해결을 위한 단계별 지침 생성하기

문제를 해결하기 위한 단계별 지침을 받으려면 다음과 같은 프롬프트를 사용하세요.

[자기 계발 주제]에 대한 조언자로서 [자신의 도전 과제/문제]의 어려움을 극복하는 방법에 관해 10단계로 지침을 제공해주세요.

예시 프롬프트를 살펴봅시다.

과제 설정 및 목표 달성에 대한 조언자로서, 명확하고 현실적인 목표를 설정하고 목표를 달성하기 위한 행동 계획을 만드는 것의 어려움을 극복하는 방법에 관해 10단계로 지침을 제공해주세요.

모델이 제공하는 방법/기술에 대한 단계별 지침을 받거나 사용자가 알고 있는 방법/기술에 대한 단계별 지침을 받으려면 다음과 같은 프롬프트를 사용하세요.

조언자로서 [자기 계발 주제]에서 성공하는 방법에 관해 10단계로 단계별 지침을 제공해주세요.

다음 문제를 해결하는 데 도움이 필요합니다. [자기 계발 주제]에 대한 조언자로서, [응답 목록 중 한 가지 방법 또는 자신만의 방법]에 관해 10단계로 지침을 제공해주세요.

예시 프롬프트를 살펴봅시다.

다음 문제를 해결하는 데 도움이 필요합니다. 경력 개발 및 전문성 향상에 대한 조언자로서, SMART 목표 설정에 관해 10단계로 지침을 제공해주세요.

프롬프트 382에 대한 모델 응답의 예시는 다음과 같습니다.

물론이죠, 다음은 SMART 목표 설정 방법을 사용하는 10단계입니다.

1. 목표를 구체적이고 측정 가능한 방식으로 정의하세요. 예를 들면, 올해 말까지 10kg을 감량하고 싶다.

2. 리소스와 능력을 고려하여 목표를 달성 가능하게 설정하세요. 예를 들면, 올해 말까지 꾸준한 운동과 건강한 식습관을 통해 10kg을 감량할 것이다.

3. 전체 목표 및 개인적 가치와 관련된 목표를 설정하세요. 예를 들면, 10kg 감량함으로써 전반적인 건강을 향상시키고 자신감을 높일 수 있다.

4. (생략)

34장 창의적 글쓰기

이번 장에서는 창의적 글쓰기에 관해 살펴보겠습니다. 이 주제에서는 창의적 표현 및 설득력 있는 커뮤니케이션과 관련된 광범위한 주제를 다루는데, 특히 스토리텔링 기술과 다양한 장르에서 독자의 관심을 사로잡는 메시지를 만드는 능력에 초점을 맞춥니다.

이제 우리는 다양한 장르를 살펴볼 것입니다. 소설과 비소설nonfiction부터 시와 연극까지 각 장르를 정의하는 특성과 관습을 살펴볼 것입니다. 또 에세이나 회고록 같은 일반적인 콘텐츠 유형과 어떻게 다른지 살펴보겠습니다.

일반적인 장르

장르는 스타일, 내용, 형식에 따라 정의되는 글의 유형입니다. 일반적인 장르에는 소설, 비소설, 시, 드라마 등이 있습니다.

매우 광범위한 장르 카테고리 안에는 미스터리, 로맨스, 공상과학science fiction (SF), 호러horror와 같이 다양한 특성에 따라 세분화된 하위 장르가 있습니다.

다양한 글쓰기 장르를 이해하면 작가는 자신의 글쓰기 스타일을 파악하고 주제에 가장 적합한 장르를 찾을 수 있습니다. 또한 각 장르마다 고유한 관습과 기대치가 있기 때문에 이를 이해하면 작품이 독자의 기대에 부응할지 예측하고 작품의 질을 향상시킬 수 있습니다.

주요 장르는 다음과 같습니다.

- **소설:** 작가의 상상을 바탕으로 창작한 이야기나 서사를 포괄하는 글쓰기 장르로, 실제 사건이나 인물을 기반으로 하지 않습니다. 이 장르에는 로맨스, SF, 판타지, 미스터리 등 다양한 하위 장르가 있습니다.
- **비소설:** 소설과 반대로 실제로 일어난 사건을 다룹니다.
- **SF소설:** 첨단 과학 기술, 우주 탐사, 시간 여행, 평행 우주, 외계 생명체 등 상상력을 기반으로 하고 미래 지향적인 이야기를 다루는 소설의 하위 장르입니다.
- **미스터리:** 범죄를 해결하거나 수수께끼를 푸는 것에 초점을 맞춘 소설의 하위 장르입니다.
- **로맨스:** 인물 간의 정서적 관계에 초점을 맞추며 대개 행복한 결말로 끝나는 장르입니다.
- **판타지:** 마법, 신화, 초자연적 요소가 등장하는 소설의 하위 장르입니다.
- **호러:** 초자연적이거나 비정상적인 사건의 묘사를 통해 공포, 두려움, 불안감을 불러일으키는 장르입니다.
- **스릴러:** 속도감 있는 액션과 긴장감이 특징인 소설의 하위 장르입니다.
- **역사 소설:** 과거를 배경으로 하며, 실제 역사적 사건이나 인물을 다루는 경우가 많습니다.
- **범죄:** 범죄 행위와 정의 추구를 중심으로 하는 장르입니다.
- **청소년 문학:** 청소년을 대상으로 쓰여진 장르로, 청소년과 관련된 문제를 다룹니다.
- **어린이 문학:** 어린이를 대상으로 쓰여진 장르로, 대개 판타지와 모험 요소를 포함하는 경우가 많습니다.
- **그래픽 노블**graphic novel **및 만화:** 텍스트와 일러스트를 결합하여 서사를 만드는 시각적 스토리텔링 형식으로, 모험, SF소설, 전기, 역사 소설 등 다양한 장르가 포함됩니다.
- **회고록:** 작가의 개인적인 경험을 다루는 비소설의 하위 장르입니다.
- **일기:** 일반적으로 개인적 성찰과 관찰을 포함하는 글쓰기 장르로, 일간, 주간, 월간 기록 등 다양한 형식으로 작성될 수 있습니다. 자기 발견과 개인적 성장을 위한 도구 역할을 하며, 시간에 따른 생각, 감정, 경험을 기록하는 데 사용할 수 있습니다.
- **전기:** 한 사람의 생애를 다루는 비소설의 하위 장르입니다.
- **시:** 운율, 상징 등 문학적 기법을 사용해 감정과 생각을 표현하는 장르입니다.
- **자서전:** 작가 자신의 삶을 다룬 비소설의 하위 장르입니다.
- **요리책:** 레시피와 요리 기법에 초점을 맞춘 장르입니다.
- **여행:** 여행 및 관광을 다루는 장르입니다.

- **자기계발서:** 개인의 발전에 대한 조언과 지침을 제공하는 장르입니다.
- **교과서:** 교육 자료로 사용하기 위해 작성된 비소설의 하위 장르입니다.
- **기술 문서:** 기술이나 전문적인 주제를 다루며 특정 지식이 필요한 사람을 대상으로 하는 장르입니다.

프롬프트 #383

[장르] 책에 대한 아이디어를 제공해주세요. 배경, 인물, 주요 갈등, 잠재적인 플롯 변화를 포함해주세요. 또한 이 장르의 책에서 자주 볼 수 있는 요소나 주제가 있다면 알려주세요.

글의 핵심 요소

대부분의 글은 다음과 같은 핵심 요소를 포함합니다.

- **설정:** 이야기가 벌어지는 시간, 장소, 배경 등
- **주제:** 작품 전체를 관통하는 중심적인 사상이나 메시지
- **타임라인:** 사건들이 일어나는 순서와 기간
- **캐릭터:** 각각의 역할과 성격을 가진 이야기 속 인물
- **배경:** 주요 사건이 일어나기 전의 인물 및 과거 사건에 대한 정보
- **장소:** 이야기가 진행되는 공간이나 장소
- **플롯** plot **:** 이야기를 구성하는 일련의 사건(줄거리)
- **서브플롯** subplot **:** 이야기와 캐릭터에 깊이와 복잡성을 더하기 위해 플롯과 평행하게 진행되는 부차적인 이야기 또는 사건
- **장면:** 액션, 대화, 인물의 변화를 전달하는 이야기의 구체적인 상황
- **스토리 아크** story arc **:** 이야기가 처음부터 끝까지 진행되는 구조 또는 형태(한 작품에 여러 개의 스토리 아크가 포함될 수 있음)

이러한 요소들이 함께 작용하여 이야기를 만들고 메시지를 전달합니다.

설정

설정은 이야기가 일어나는 시간과 장소로, 물리적 위치, 역사적 시기, 사회 및 문화적 맥락과 같은 요소들을 포함합니다. 설정에 대한 프롬프트 공식은 다음과 같이 작성할 수 있습니다.

프롬프트 #384

[시대], [장소], [분위기], [문화/역사적 맥락], [설정에 영향을 주는 플롯/인물 설정]을 포함한 [장르]의 상세한 설정을 만들어주세요.

예시 프롬프트를 살펴봅시다.

프롬프트 #385

빅토리아 시대의 영국, 특히 안개 낀 런던에서 벌어지는 살인 미스터리 소설의 상세한 설정을 만들어주세요. 이 시기는 잭 더 리퍼[39]가 활동한 시기입니다. 주인공은 밥 스미스(Bob Smith)라는 이름의 경찰입니다.

주제

주제는 작품 전체를 관통하는 중심 사상 또는 메시지입니다. 이는 보편적인 개념일 수도 있고 특정 주제에 관한 논평일 수도 있습니다. 주제는 암시적 또는 명시적으로 표현될 수 있으며, 종종 이야기의 인물, 줄거리, 설정을 통해 드러납니다. 또한 전체 서사를 형성하고 표면적인 사건을 넘어 더 깊은 의미를 부여할 수 있습니다.

---

39 옮긴이_잭 더 리퍼(Jack the Ripper)는 1888년 런던의 화이트채플(Whitechapel) 지역과 그 주변 빈민가에서 범죄를 저지른 연쇄 살인범입니다.

[장르] 책에 대한 주제를 만들어주세요. 이 책은 [주제]에 관한 [핵심 감정/생각]을 탐구합니다.

예시 프롬프트를 살펴봅시다.

살인 미스터리 장르의 주제를 만들어주세요. 안개 낀 빅토리아 시대 런던에서 잭 더 리퍼가 활동하던 시기를 배경으로 한 살인 미스터리 주제를 만들고, 주인공 밥 스미스라는 경찰과 인간을 대상으로 실험을 수행하는 외계인이 등장하도록 해주세요.

프롬프트 387에 대한 모델 응답의 예시는 다음과 같습니다.

이 살인 미스터리 작품의 주제는 빅토리아 시대 런던의 안개 낀 거리를 배경으로, 잭 더 리퍼에 의한 잔혹한 살인과 인간을 대상으로 한 외계인의 사악한 실험을 다루면서, 과학과 윤리 사이의 모호한 경계를 탐구합니다. 이러한 참혹한 상황 속에서 주인공 경찰 밥 스미스는 도덕성과 인간성을 유지하려 애쓰게 됩니다.

타임라인

타임라인은 이야기 속에서 일어나는 사건들의 시간 순서를 의미합니다. 줄거리의 속도와 진행을 설정하는 데 사용되며, 이야기와 관련된 중요한 날짜, 연도, 시대를 포함할 수 있습니다. 타임라인은 선형일 수도 있고, 사건의 순서가 없거나 여러 타임라인에서 발생하는 등 비선형일 수도 있습니다. 이는 이야기에 구조와 일관성을 제공하는 중요한 요소입니다.

안개 낀 빅토리아 시대 런던에서 잭 더 리퍼가 활동하던 시기를 배경으로 한 살인 미스터리에 대한 상세한 타임라인을 제공해주세요. 이야기 전체에서 일어나는 중요한 사건들과 이야기가 벌어지는 시간대도 포함해주세요.

프롬프트 388에 대한 모델 응답의 예시는 다음과 같습니다.

- 1888년 8월 31일: 잭 더 리퍼가 저지른 것으로 추정되는 첫 번째 살인이 화이트채플에서 발생합니다. 목이 졸려 사망한 메리 앤 니콜스의 시체가 절단되어 발견됩니다.
- 1888년 9월 8일: 잭 더 리퍼가 저지른 것으로 추정되는 두 번째 살인이 발생합니다. 애니 채프먼의 시체가 메리 앤 니콜스와 비슷한 상태로 발견됩니다.
- 1888년 9월 30일: 잭 더 리퍼가 저지른 것으로 추정되는 세 번째 살인이 발생합니다. 엘리자베스 스트라이드의 시체가 화이트채플에서 발견됩니다.
- 1888년 9월 30일: 잭 더 리퍼가 저지른 것으로 추정되는 네 번째 살인이 발생합니다. 캐서린 에도스의 시체가 엘리자베스 스트라이드 살해 몇 시간 뒤 화이트채플에서 발견됩니다.
- 1888년 11월 9일: 잭 더 리퍼가 저지른 것으로 추정되는 다섯 번째이자 마지막 살인이 발생합니다. 메리 제인 켈리의 시체가 화이트채플 아파트에서 알아보기 힘들 정도로 절단되어 발견됩니다.
- 1888년 12월: 경찰 밥 스미스가 잭 더 리퍼 사건을 맡게 되고 수사를 시작합니다.
- 1889년 1월: 경찰 밥 스미스는 외계인들이 인간을 대상으로 한 실험과 관련된 정부의 은폐 사건과 이 살인 사건들이 관련되어 있다는 증거를 발견합니다.
- 1889년 2월: 경찰 밥 스미스가 진짜 잭 더 리퍼의 정체를 밝혀내고 범인은 법의 심판을 받게 됩니다.

이 이야기는 1888년 12월부터 1889년 5월까지 6개월 동안 벌어지며, 수사 과정과 살인 사건의 진실이 밝혀지는 과정을 다룹니다.

앞서 살펴본 예시를 토대로 타임라인을 수정하여 이야기의 기본적인 구조를 작성할 수 있습니다.

캐릭터

캐릭터는 이야기 속에서 인물이 수행하는 다양한 역할을 의미합니다. 캐릭터 유형에는 다음과 같은 것들이 포함됩니다.

- **주인공:** 이야기의 중심 인물로, 대부분의 사건이 주인공 주변에서 발생합니다.
- **악당:** 주인공과 대립하는 인물이나 힘으로, 이야기에서 갈등을 만듭니다.
- **조연:** 이야기에서 중요한 역할이지만 주요 초점이 아닌 인물입니다.
- **동적 인물:** 이야기가 진행되면서 변화하거나 발전하는 인물입니다.
- **정적 인물:** 이야기가 진행되는 동안 변화가 없거나 발전하지 않는 인물입니다.
- **평면적**flat **인물:** 한두 가지 특징만 가진 일차원적인 인물입니다.
- **다면적**round **인물:** 다양한 면모와 복잡한 성격을 가진 인물입니다.
- **대조적**foil **인물:** 주인공과 대비되어 주인공의 특징을 강조하는 인물입니다.
- **단역:** 이야기에서 역할이 작고 깊게 다루어지지 않는 인물입니다.
- **정형화된**stock **인물:** 전형적인 특징을 가지며 다른 이야기에서도 유사하게 등장하는 인물입니다.

> 프롬프트 #389
>
> [인물]에 대한 상세한 인물 프로필을 작성해주세요. [역할 (**예** 주인공, 악당, 조연)], 성격 특성, 목표, 동기, [이야기 제목] 이야기와 관련된 모든 정보를 포함하여 작성해주세요.

예시 프롬프트를 살펴봅시다.

경찰 밥 스미스에 대한 상세한 인물 프로필을 작성해주세요. 주인공으로서의 역할, 나이, 외모, 성격 특성, 목표, 동기, 작성 중인 이야기와 관련된 모든 정보를 포함하여 작성해주세요.

프롬프트 390에 대한 모델 응답의 예시는 다음과 같습니다.

경찰 밥 스미스는 안개 낀 빅토리아 시대 런던에서 잭 더 리퍼가 활동하던 시기를 배경으로 한 살인 미스터리 소설의 주인공입니다.

그는 30대 중반이며, 강한 정의감을 갖고 악명 높은 연쇄 살인범을 잡고자 하는 결연하고 근면한 경찰입니다. 밥 스미스는 열심히 일하는 헌신적인 경찰관으로 동료들 사이에서 존경받는 인물입니다.

또한 그는 일에 빠져 사교적인 활동을 소홀히 하는 외톨이 같은 면모가 있습니다.

그는 사건을 해결하고 도시의 질서를 회복해야 한다는 강박관념에 사로잡혀 있지만, 동시에 자신이 저지른 과거의 실수와 마음 속의 악마로 인해 괴로워하고 있습니다.

그는 키가 크고 마른 체형이며, 진지한 표정과 날카로운 푸른 눈을 가진 인물로 묘사됩니다. 그는 말수가 적지만 행동력은 뛰어난 사람입니다.

그는 아내와 어린 딸이 있지만 사건에 대한 압박과 가족과의 거리로 인해 부담을 느끼고 있습니다.

밥 스미스는 모든 것을 바로잡겠다는 각오로, 자신의 모든 기술과 지식을 동원해 살인범의 흔적을 추적합니다.

그의 목표는 잭 더 리퍼를 체포해 정의를 실현하고, 자신과 가족을 안전하게 지키는 것입니다.

배경

배경은 현재 상황에서 인물의 행동이나 동기를 설명하는 데 도움이 되는 인물 또는 과거의 사건들을 의미합니다. 인물의 가족, 어린 시절, 교육, 경험에 대한 정보가 포함되며, 이는 인물의 성격이 어떻게 형성됐는지와 세상과 어떻게 관계를 맺고 소통하는지에 영향을 미칩니다.

또한 배경은 이야기가 벌어지는 장소의 역사나 사회적, 정치적 맥락에 대한 정보를 포함할 수도 있습니다. 이러한 정보들은 이야기가 진행되면서 점차적으로 드러나며, 이야기 속 인물과 세계에 깊이와 복잡성을 부여하는 데 도움이 됩니다.

장소

작품에서 장소는 이야기의 분위기를 조성하는 데 결정적인 역할을 합니다. 실제로 존재하는 장소부터 상상 속 세계에 이르기까지 다양합니다.

장소 선택은 인물과 인물의 행동뿐만 아니라 전체 플롯에도 중요한 영향을 미칩니다. 예를 들어 연쇄 살인 미스터리가 작고 긴밀한 지역 사회에서 벌어지는 것과 번잡한 대도시에서 벌어지는 것은 다른 느낌을 줍니다. 작가는 독자가 책의 세계에 완전히 몰입할 수 있도록 이야기 속 장소를 생생하게 구현해야 합니다.

프롬프트 #391

[책 주제] 이야기에 포함되어야 할 주요 장소와 위치를 [타임라인] 시대와 관련된 다른 중요한 정보와 함께 나열해주세요. 이 정보는 생생하고 믿을 수 있는 설정을 만드는 데 도움이 됩니다.

프롬프트 #392

[장소]에 대한 [일반적인/상세한] 설명을 [타임라인] 시기에 설정된 주인공 [주인공 이름]과 관련된 다른 중요한 정보와 함께 제공해주세요. 이 정보는 생생하고 믿을 수 있는 설정을 만드는 데 도움이 됩니다.

프롬프트 #393

[장소/위치]에 대한 설명을 제공해줄 수 있나요?

프롬프트 #394

[시기] 동안 [장소/위치]에 대한 [일반적인/상세한] 설명을 제공해줄 수 있나요?

플롯

플롯은 서사를 구성하는 일련의 사건들을 의미합니다. 이는 이야기의 뼈대이며, 이야기를 이끌어갑니다. 플롯은 단순할 수도 복잡할 수도 있지만, 독자의 흥미를 유발하고 만족감을 주려면 맥락에 맞게 잘 구상되어야 하고 일관성이 있어야 합니다.

좋은 플롯은 시작, 중간, 끝이 명확하고 종종 클라이맥스와 결말이 포함됩니다. 또한 서브플롯을 포함할 수 있는데, 서브플롯은 주요 사건들과 병렬로 진행되는 부차적인 이야기를 의미합니다.

예시 프롬프트는 서브플롯 부분을 참고하세요.

서브플롯

서브플롯은 이야기의 주요 플롯과 병렬로 진행되는 부차적인 이야기로, 이야기에 깊이와 복잡성을 추가하고 인물과 주제를 발전시킵니다.

서브플롯은 새로운 요소를 소개할 때, 세계나 인물에 대한 배경 정보를 제공할 때 사용됩니다. 종종 긴장감과 갈등을 만들고, 대비 또는 유사성을 통해 주요 플롯을 강화하는 역할을 합니다. 서브플롯은 모든 장르에서 사용될 수 있으며, 진지한 방향으로도 익살스러운 방향으로도 설정될 수 있습니다.

프롬프트 #395

제가 집필 중인 책의 플롯이나 서브플롯의 개요를 작성해주세요. 이 플롯의 맥락에는 다음과 같은 것들이 포함됩니다. 설정 [세부적인 설정], 인물 [세부적인 인물], 시기 [세부적인 시기], 장소 [세부적인 장소]

프롬프트 #396

[시간대]에 [장소]의 [인물]을 포함하는 플롯의 개요를 제공해주세요.

프롬프트 #397

[장소]에서 일어나는 [시간대]의 [인물]을 중심으로 한 플롯의 개요를 작성하는 데 도움을 주세요.

프롬프트 #398

[장소]에서 벌어지는 이야기를 쓰고 있는데, [시간대]의 [인물]을 포함하는 플롯의 개요가 필요합니다.

프롬프트 #399

[장소]에서 벌어지는 이야기를 쓰고 있는데, [시간대]의 [인물]을 포함하는 서브플롯의 개요가 필요합니다.

장면

장면은 이야기의 독립된 단위이며, 시간과 공간에서의 특정한 순간입니다. 한 순간일 수도 있고, 여러 작은 순간으로 구성될 수도 있습니다. 각 장면은 시작, 중간, 끝이 명확해야 하며, 이를 바탕으로 이야기를 전개해야 합니다.

장면은 설정과 분위기를 만들고, 인물들의 관계를 발전시키고, 플롯을 진행시키기 위해 사용됩니다. 또한 갈등을 만들고, 긴장을 높이기 위해 사용될 수도 있습니다.

이야기는 많은 장면들로 구성되며, 이러한 장면이 결합되어 전체적인 서사를 만듭니다. 다음은 장면에 대한 도움을 요청하는 프롬프트 예시입니다.

프롬프트 #400

[인물]이 [사건/행동]을 하는 장면을 작성 중인데, [설정]에서 [시간대] 동안 이 장면의 플롯과 캐릭터를 개발하는 데 도움을 주세요.

프롬프트 #401

[사건/행동]이 [시간대]의 [장소]에서 발생하는 생동감 있는 장면을 만드는 데 도움을 주세요. 이 장면에는 [인물]들이 등장합니다.

프롬프트 #402

[설정]에서 [인물]과 [인물]이 등장하는 [시간대] 동안 이야기의 클라이맥스를 만드는 데 어려움을 겪고 있습니다. 이 장면의 플롯과 대사를 작성하는 데 도움을 주세요.

프롬프트 #403

[장소]에서 [시간대] 동안 [인물]과 [인물] 사이의 관계를 보여주는 기억에 남는 장면을 작성하는 데 도움을 주세요.

[설정]에서 [시간대] 동안 발생하는 이야기의 반전을 드러내는 장면을 만들고자 합니다. 이 장면에는 [인물]들이 등장합니다. 이 장면의 플롯과 대사를 작성하는 데 도움을 주세요.

스토리 아크

스토리 아크는 이야기가 시작부터 끝까지 진행되는 과정을 설명하는 서사 구조입니다. 일반적으로 클라이맥스로 이어지는 일련의 사건들과 해결 및 결말로 구성됩니다. 스토리 아크는 일반적으로 소설 장르의 전체적인 플롯을 설명하는 데 사용되지만 개별 장면이나 인물에도 적용될 수 있습니다.

즉, 스토리 아크는 이야기를 논리적이고 매력적인 방식으로 구성하는 방법이며, 독자가 이야기에 관심을 갖고 몰입하도록 도와줍니다. 다음은 스토리 아크에 대한 도움을 요청하는 몇 가지 프롬프트 예시입니다.

프롬프트 #405

제 책의 스토리 아크를 개발하는 데 도움을 주세요. [설정]은 [구체적 설정], 주요 [주인공/악당]은 [인물]이며, [클라이맥스/해결/결말]이 포함되어야 합니다.

프롬프트 #406

제 이야기의 스토리 아크를 만드는 데 도움이 필요합니다. [주인공/악당]은 [인물]이고, 이야기는 [설정]에서 진행되며, 명확한 [클라이맥스/해결/결말]이 있어야 합니다.

저는 이야기를 쓰고 있는데 스토리 아크에 대한 도움이 필요합니다. 이야기는 [설정]에서 진행되며, 주요 [주인공/악당]은 [인물]입니다. [클라이맥스/해결/결말]이 있기를 원합니다.

제 책의 스토리 아크를 만드는 데 도움을 주세요. 이야기는 [설정]에서 진행되며, [주인공/악당]은 [인물]입니다. 저는 [클라이맥스/해결/결말]로 이어지는 전개에 관심이 있습니다.

제 이야기의 스토리 아크를 개발하는 데 도움을 받고 싶습니다. 이야기는 [설정]에서 진행되며, 주요 [주인공/악당]은 [인물]입니다. 저는 명확한 [클라이맥스/해결/결말]이 있는 전개를 찾고 있습니다.

이러한 템플릿과 프롬프트를 사용해 책을 집필할 때 챗GPT의 도움을 받을 수 있습니다. 챗GPT는 인물, 설정, 플롯, 스토리 아크와 같은 스토리텔링의 핵심 요소에 대해 생각할 수 있는 뼈대를 제공합니다. 하지만 이러한 요소들은 이야기의 기본 구성 요소일 뿐이며, 완전한 이야기를 설계하고 구성하는 데 필요한 전문적인 기술을 대체할 수 없습니다.

책을 쓰는 것은 기술과 경험이 필요한 복잡하고 미묘한 과정입니다. 그러나 이러한 템플릿과 프롬프트를 사용하면 글쓰기 여정을 재미있고 흥미롭게 시작할 수 있습니다.

글쓰기가 가능하다면 작곡도 가능할까요?

작곡은 일반적으로 문학 장르가 아닌 음악의 형태로 간주됩니다. 작곡가는 음악가가 연주하거나 가수가 노래할 수 있는 멜로디를 만듭니다.

이 책의 집필 시점에 챗GPT는 사운드 또는 음악적 지침을 제공하지 않지만(이 장의 마지막에 이용할 수 있는 서비스 목록을 제공합니다) 다음과 같은 방법으로 작곡에 도움을 받을 수 있습니다.

- **영감 제공:** 챗GPT에게 아이디어 또는 주제를 작성하도록 요청할 수 있습니다. 이는 창의력을 자극하고 작곡에 대한 새로운 관점을 얻는 데 도움이 됩니다.
- **가사 제안:** 가사 작성에 어려움을 겪고 있다면 챗GPT에게 가사를 제안할 수 있습니다. 이는 아이디어를 표현할 수 있는 적절한 단어를 찾는 데 도움이 됩니다.
- **운율 제안:** 챗GPT는 가사에 맞는 운율을 찾는 데 도움을 줄 수 있습니다. 이를 통해 노래를 더 조화롭고 매력적으로 만들 수 있습니다.
- **구절 제안:** 챗GPT는 작곡에 도움이 될 수 있는 구절과 표현을 제안할 수 있습니다. 이를 통해 아이디어를 더 효과적으로 작곡가에게 전달할 수 있습니다.
- **노래 구조:** 챗GPT는 구절, 후렴 등을 포함한 노래의 구조를 제안할 수 있습니다. 이를 통해 탄탄한 작곡의 토대를 구축할 수 있습니다.
- **편집 및 교정:** 챗GPT는 가사가 문법적으로 올바른지, 오타나 기타 오류는 없는지 가사를 편집하고 교정할 수 있습니다.

챗GPT는 작곡가에게 도움을 줄 수 있지만 최종 작품에는 작가의 예술적인 비전과 재능이 반영되어야 합니다.

작사는 어떨까요?

작사는 노래 가사를 창작하는 것에 초점을 맞춘 것이며, 가사는 시의 표현을 노래에 사용한 특정 형태입니다. 작사를 하려면 운율, 은유와 같은 시적 요소에 대해 이해해야 하며, 언어를 사용하여 감정과 아이디어를 전달할 수 있는 능력이 필요합니다.

작사가는 작곡가, 음악가, 가수와 함께 노래의 최종 결과물을 만들어냅니다. 즉, 하나의 장르로 분류될 수 있습니다.

프롬프트 #410

[주제]의 노래 가사에 대한 아이디어를 제공해주세요. 노래의 스타일, 장르, 가사를 통해 전달하고자 하는 주제나 감정을 포함해주세요.

프롬프트 #411

다음과 같은 노래의 가사에 대한 영감을 얻고 싶습니다. 주제는 [주제], 리듬은 [리듬], 템포는 [템포], 스타일이나 장르는 [스타일/장르]이며, 가사를 통해 [주제/감정]의 감정을 전달하고 싶습니다. 몇 가지 아이디어를 제공해주세요.

음악 제작에 유용한 AI 플랫폼

다음은 음악 제작에 가장 적합한 플랫폼(일부는 유료)입니다. 하지만 AI 플랫폼은 급변하기 때문에 더 적합한 최신 플랫폼이 있을 수 있습니다. 참고용으로만 봐주세요.

- Soundraw.io
- Amper Music
- AIVA
- Ecrett Music
- Humtap
- MuseNet

35장 콘텐츠 유형에 따른 글쓰기

이 장에서는 오늘날 콘텐츠 제작에 자주 사용되는 다양한 콘텐츠 프레임워크(**예** AIDA, PAS, SOAP)를 살펴보겠습니다. 개인적인 블로그 게시글부터 학술 연구 논문에 이르기까지 각 콘텐츠는 고유한 목적을 가지고 있으며, 이러한 콘텐츠를 작성하는 데는 특정 기술 및 기법이 필요합니다. 콘텐츠 프레임워크를 사용하면 글의 구조를 구성하고 작업의 효과를 높일 수 있습니다.

작가 지망생이든 전문 작가이든 다양한 장르, 콘텐츠 유형, 프레임워크를 이해하면 매력적이고 효과적인 글을 쓰는 데 도움이 됩니다.

먼저 일반적인 콘텐츠 유형을 살펴봅시다.

- **블로그 게시글**: 웹 사이트나 온라인 플랫폼에 게시되는 특정 주제에 관한 비공식적인 글입니다.
- **연구 논문**: 주어진 주제에 관한 연구 질문과 결과를 제시하는 학술 문서입니다.
- **개요**: 긴 글의 주요 아이디어, 주장, 구조를 요약한 글입니다.
- **제목**: 글의 주제나 아이디어를 나타내기 위한 짧고 눈길을 끄는 문구입니다.
- **제품 설명서**: 제품의 기능, 특징, 사용법 등에 관한 정보를 제공하는 글입니다.
- **리뷰**: 제품, 서비스, 경험에 대한 의견과 평가가 포함되는 글입니다.
- **이력서/자기소개서**: 개인의 학력, 경력, 기술 및 자격을 요약한 문서입니다.
- **비즈니스 레터**letter: 문의, 불만, 요청 등 비즈니스 상황에서 사용되는 공식적인 서신입니다.
- **대본**: 영화, TV 프로그램, 연극, 기타 공연의 대사와 동작을 작성한 글입니다.

- **뉴스레터**: 특정 주제나 조직에 관한 정보를 제공하며, 정기적인 커뮤니케이션(보통 이메일)을 위한 글입니다.
- **시나리오**: 영화, TV 프로그램, 기타 촬영 작품의 대화, 동작 및 설명을 포함하는 글로, 최종 촬영 결과물의 청사진 역할을 합니다.
- **TV 프로그램 대본**: TV 프로그램을 위해 작성된 대본입니다.
- **연극 대본**: 무대 공연을 위해 작성된 대본입니다.
- **시놉시스**: 영화의 줄거리, 인물, 주제 등 핵심 요소를 요약한 글입니다.
- **비디오 게임 대본**: 게임 내 이벤트, 인물, 위치에 대한 설명과 대화를 포함한 글입니다.
- **오디오 드라마 대본**: 팟캐스트 또는 라디오 연극과 같은 오디오 전용 공연을 위한 대본입니다.

다양한 유형의 콘텐츠를 작성하기 위해서는 각 유형에 맞는 고유한 접근 방식, 어조, 스타일, 형식을 사용해야 합니다.

각 유형의 콘텐츠를 효과적으로 작성하고 구조화하는 방법에 관한 심층적인 가이드를 제공하려면 각 유형에 대해 하나의 장, 심지어는 별도의 책을 작성해야 합니다. 하지만 여기서는 간단하게 콘텐츠 유형별 글쓰기를 위한 몇 가지 프롬프트를 제공하도록 하겠습니다.

- **블로그 게시글**: [주제] + [개인적 경험/의견] + [행동 요청]
- **연구 논문**: [연구 질문] + [방법] + [결과] + [결론]
- **개요**: [주요 아이디어] + [하위 주제] + [구조]
- **제목**: [키워드] + [동사] + [혜택]
- **제품 설명서**: [제품 이름] + [기능] + [특징] + [사용법]
- **리뷰**: [제품/서비스/경험] + [의견] + [평가]
- **이력서/자기소개서**: [개인 정보] + [교육] + [경력] + [기술] + [자격]
- **비즈니스 레터**: [받는 사람] + [보내는 사람] + [목적/요청/불만] + [공식적인 언어]
- **대본**: [대사] + [행동] + [인물 묘사]
- **뉴스레터**: [주제/조직] + [정보] + [행동 요청]

- **시나리오:** [대사] + [행동] + [인물 묘사] + [촬영 지시 사항]
- **TV 프로그램 대본:** [대사] + [행동] + [인물 묘사] + [TV 프로그램 전용 포맷]
- **연극 대본:** [대사] + [행동] + [인물 묘사] + [무대 지시 사항]
- **시놉시스:** [줄거리] + [인물] + [주제] + [장면]
- **비디오 게임 대본:** [게임 내 대화] + [게임 내 이벤트] + [인물 묘사] + [장소 설명]
- **오디오 드라마 대본:** [대사] + [음향 효과] + [인물 묘사] + [오디오 전용 포맷]

이 공식들은 참고 사항일 뿐이며, 작성하려는 콘텐츠 유형과 개인의 상황에 맞게 조정해야 합니다.

각 콘텐츠 유형에 대한 기본적인 프롬프트 공식을 살펴봅시다.

프롬프트 #412

블로그 게시글
[주제]에 관한 [길이]의 블로그 글을 작성해주세요. 개인적인 경험과 의견, 독자에게 행동을 요청하는 내용을 포함해주세요.

프롬프트 #413

연구 논문
연구 질문, 방법, 결과 및 결론이 포함된 [주제]에 관한 [길이]의 논문을 작성해주세요.

프롬프트 #414

개요
주요 아이디어와 하위 주제를 포함하여 [주제]에 관한 [길이]의 글을 작성하기 위한 개요를 작성해주세요.

제목

[주제]에 관한 글의 제목을 [길이]로 작성하여 이목을 집중시키고 주요 아이디어를 명확하게 전달하세요.

제품 설명서

[제품명]의 기능, 특징, 사용법이 포함된 [길이]의 제품 설명서를 작성해주세요.

리뷰

[제품/서비스/경험]에 대한 의견과 평가가 포함된 [길이]의 리뷰를 작성해주세요.

이력서/자기소개서

개인 정보, 교육, 경력, 기술 및 자격을 요약한 [길이]의 이력서 또는 자기소개서를 작성해주세요.

비즈니스 레터

공식적인 언어를 사용해 [받는 사람]에게 [문의/불만/요청]을 전달하는 [길이]의 비즈니스 편지를 작성해주세요.

대본

[영화/TV 프로그램/연극]을 위한 대사, 행동, 인물 묘사가 포함된 [길이]의 대본을 작성해주세요.

뉴스레터

[주제/조직]에 관한 정보를 전달하고 독자에게 행동을 요청하는 [길이]의 뉴스레터를 작성해주세요.

시나리오

[영화/TV 프로그램]을 위한 대사, 행동, 인물 묘사, 촬영 지시 사항이 포함된 [길이]의 시나리오를 작성해주세요.

TV 프로그램 대본

TV 프로그램을 위한 대사, 행동, 인물 묘사, TV 프로그램 전용 포맷이 포함된 [길이]의 TV 대본을 작성해주세요.

연극 대본

대사, 행동, 인물 묘사, 무대 지시 사항이 포함된 [길이]의 연극 대본을 작성해주세요.

시놉시스

영화를 위한 줄거리, 인물, 주제, 장면이 포함된 [길이]의 시놉시스를 작성해주세요.

비디오 게임 대본

비디오 게임을 위한 게임 내 대화, 이벤트, 인물 묘사, 위치가 포함된 [길이]의 스크립트를 작성해주세요.

오디오 드라마 대본

대사, 음향 효과, 인물 묘사, 오디오 전용 포맷이 포함된 [길이]의 오디오 드라마 대본을 작성해주세요.

이제 이러한 콘텐츠를 최대한 효과적으로 구조화 및 형식화해봅시다. 우리는 이 목적을 달성하기 위해 콘텐츠 프레임워크를 사용할 것입니다.

일반적인 콘텐츠 프레임워크

콘텐츠 프레임워크는 정보를 명확하고 설득력 있는 방식으로 구성하고 제시하는 데 사용되는 구조 또는 형식입니다. 이는 이해하기 쉽고, 흥미롭고, 실행 가능한 콘텐츠를 만들 수 있도록 안내하는 역할을 합니다.

다양한 콘텐츠 프레임워크가 있으며, 각각은 정보를 구성하고 제시하는 고유한 접근 방식을 가지고 있습니다. 인기 있는 콘텐츠 프레임워크는 다음과 같습니다.

- **AIDA – 주목**Attention, **관심**Interest, **욕구**Desire, **행동**Action : 이 프레임워크는 독자의 이목을 끌고, 제품이나 서비스에 대한 관심을 높이며, 욕구(**예** 사용, 구매)를 불러일으켜 궁극적으로는 욕구가 행동으로 이어지도록 하는 데 초점을 맞춥니다.

- **PAS – 문제**Problem, **자극**Agitate, **해결**Solve : 이 프레임워크는 독자의 문제를 파악하고, 그 문제를 자극하여 긴장감을 느끼게 한 다음 해결책을 제공하는 데 중점을 둡니다.

- **S.T.A.R. – 상황**Situation, **과제**Task, **행동**Action, **결과**Result : 이 프레임워크는 경험, 기술, 성과를 강조하는 데 유용합니다. 보통 이력서와 자기소개서에서 특정 상황을 어떻게 처리했는지, 그 행동이 어떻게 긍정적인 결과로 이어졌는지를 보여주기 위해 사용됩니다.

- **역피라미드**: 이 프레임워크는 뉴스 기사에 사용되며, 가장 중요한 정보를 기사의 맨 위에 배치하는 것이 핵심입니다.

- **모노미스**monomyth : 이 프레임워크는 스토리텔링에서 흔한 서사 구조로, 신화에 등장하는 영웅과 같은 인물의 여정을 나타냅니다.

여기서 소개한 콘텐츠 프레임워크는 일부에 불과합니다. 이러한 프레임워크는 기업과 조직의 성과를 이끌어내는 설득력 있는 문서를 작성하는 데 매우 효과적입니다.

콘텐츠 프레임워크를 이해하고 활용하면 독자와 공감대를 형성할 수 있으며, 원하는 결과를 얻을 가능성이 높은 콘텐츠를 만들 수 있습니다. 다음은 또 다른 일반적인 프레임워크에 대한 개요입니다.

- **SOAP – 상황**Situation, **장애물**Obstacle, **행동**Action, **결과**Result : 이 프레임워크는 문제나 도전 그리고 그것을 극복하는 방안을 제시하는 데 사용됩니다. 상황을 묘사한 후, 극복해야 할 장애물이나 문제를 자세히 설명하고, 문제를 해결하기 위한 행동을 설명하며, 마지막으로 결과를 제시합니다. 이 프레임워크는 사례 연구, 문제–해결 기사, 도전을 극복하는 이야기를 전하는 콘텐츠 유형에 유용합니다.

- **SPIN – 상황**Situation, **문제**Problem, **영향**Implication, **보상**Need-payoff : 이 프레임워크는 특정 상황에서의 문제나 도전 과제를 확인한 다음, 해결책을 제시하는 데 사용됩니다. 상황을 묘사한 후, 문제를 확인하고, 문제의 영향을 설명하며, 마지막으로 제안된 해결책의 필요성과 보상을 제시합니다. 이 프레임워크는 독자를 설득하여 행동하게 하는 것이 목적인 콘텐츠 유형에 유용합니다. 예를 들면 세일즈 레터나 제안서와 같은 문서에 적용할 수 있습니다.

- **SNAS – 상황**^{Situation}, **필요**^{Need}, **자극**^{Agitate}, **해결**^{Solve}: 이 프레임워크는 위기감을 조성하고 독자가 행동하도록 동기를 부여하는 데 사용됩니다. 상황을 묘사한 후, 필요를 파악하고, 필요를 자극하여 위기감을 조성하며, 마지막으로 해결책을 제시합니다. 이 프레임워크는 독자를 설득하여 행동하게 하는 것이 목적인 콘텐츠 유형에 유용합니다. 예를 들면 세일즈 레터나 제안서와 같은 문서에 적용할 수 있습니다.

- **WWAD – 무엇이 잘못되었고 무엇이 바람직한가**^{What's Wrong and What's Desired}: 이 프레임워크는 특정 문제를 파악하고 이상적인 해결책을 제시하는 데 사용됩니다. 이 프레임워크는 독자를 설득하여 행동하게 하는 것이 목적인 콘텐츠 유형에 유용합니다. 예를 들면 세일즈 레터나 제안서와 같은 문서에 적용할 수 있습니다.

- **WOCAS – 고객의 의견**^{What our customers are saying about us}: 이 프레임워크는 고객의 의견과 평가를 제시하는 데 사용됩니다. 제품이나 서비스의 긍정적인 측면이 강조되는 고객의 피드백과 추천글을 제시하는 것이 핵심입니다. 이 프레임워크는 고객 평가, 제품 리뷰 등 독자와의 신뢰를 구축하는 것이 목적인 콘텐츠 유형에 유용합니다.

- **SCORE – 상황**^{Situation}, **도전**^{Challenge}, **장애**^{Obstacle}, **해결**^{Resolution}, **최종 결과**^{End Result}: 이 프레임워크는 문제 또는 도전 과제와 이를 극복하기 위한 방안을 제시하는 데 사용됩니다. 상황을 묘사한 후, 도전 과제를 설명하고, 극복해야 할 장애물이나 문제를 자세히 설명하며, 해결책을 제시합니다. 그리고 마지막으로 결과를 기술합니다. 이 프레임워크는 사례 연구, 문제-해결 기사, 도전을 극복하는 이야기를 전하는 콘텐츠 유형에 유용합니다.

콘텐츠 프레임워크를 활용한 프롬프트 공식

프롬프트 #428

AIDA

AIDA 콘텐츠 프레임워크를 사용하여 [주제]에 관한 글을 작성하는 데 도움이 필요합니다. 제 목표는 [목표(**예** 판매 증가, 독자 교육)]입니다. 시선을 끄는 강력한 헤드라인을 만들고, 주제에 관한 유용한 정보를 제공하고, 제품 또는 아이디어에 대한 욕구를 행동으로 이어지도록 하고자 합니다. 구체적인 예시나 팁을 알려주세요.

예시 프롬프트를 살펴봅시다.

AIDA 콘텐츠 프레임워크를 사용하여 명상의 이점에 대한 블로그 게시글을 작성하는 데 도움이 필요합니다. 제 목표는 독자에게 명상의 이점을 알리고, 독자가 일상적으로 명상을 수행하도록 권장하는 것입니다. 시선을 끄는 강력한 헤드라인을 만들고, 명상의 이점에 관한 유용한 정보를 제공하고, 평소에도 명상을 하고자 하는 욕구를 불러일으켜 실제 행동으로 이어지도록 하고자 합니다. 구체적인 예시나 팁을 알려주세요.

나머지 프레임워크도 살펴봅시다.

PAS

PAS 콘텐츠 프레임워크를 사용하여 [주제]에 관한 글을 작성하는 데 도움이 필요합니다. 제 목표는 [목표(예 판매 증가, 독자 교육)]입니다. 주제와 관련된 문제를 파악하고, 문제의 부정적인 결과를 강조하여 긴장감을 일으킨 다음, 문제의 해결책을 제공하고자 합니다. 구체적인 예시나 팁을 알려주세요.

SPIN

SPIN 콘텐츠 프레임워크를 사용하여 [주제]에 관한 글을 작성하는 데 도움이 필요합니다. 제 목표는 [목표(예 판매 증가, 독자 교육)]입니다. 주제와 관련된 문제를 파악하고, 문제의 영향을 강조하고, 명확한 필요성과 보상 해결책을 제공하고자 합니다. 구체적인 예시나 팁을 알려주세요.

SNAS

SNAS 콘텐츠 프레임워크를 사용하여 [주제]에 관한 글을 작성하는 데 도움이 필요합니다. 제 목표는 [목표(**예** 판매 증가, 독자 교육)]입니다. 상황을 설정하고, 관객의 요구 사항을 파악하고, 문제의 부정적인 결과를 강조하여 긴장감을 조성한 다음, 문제의 해결책을 제공하고자 합니다. 구체적인 예시나 팁을 알려주세요.

WWAD

WWAD 콘텐츠 프레임워크를 사용하여 [주제]와 관한 글을 작성하는 데 도움이 필요합니다. 제 목표는 [목표(**예** 판매 증가, 독자 교육)]입니다. 현재 상황에서 무엇이 잘못되었는지 파악하고, 해결책이 무엇인지 명확하게 제시하고자 합니다. 구체적인 예시나 팁을 알려주세요.

WOCAS

WOCAS 콘텐츠 프레임워크를 사용하여 [주제]와 관한 글을 작성하는 데 도움이 필요합니다. 제 목표는 [목표(**예** 판매 증가, 독자 교육)]입니다. 고객의 평가나 피드백을 수집하여 제품이나 서비스의 가치와 장점을 보여주고자 합니다. 구체적인 예시나 팁을 알려주세요.

SCORE

SCORE 콘텐츠 프레임워크를 사용하여 [주제]와 관한 글을 작성하는 데 도움이 필요합니다. 제 목표는 [목표(**예** 판매 증가, 독자 교육)]입니다. 상황을 설정하고, 도전 과제를 파악하고, 장애물을 강조하고, 해결책을 제시한 다음, 최종 결과를 설명하고자 합니다. 구체적인 예시나 팁을 알려주세요.

36장 직장인의 워라밸을 위한 프롬프트

이 장에서는 챗GPT를 사용하여 개인 작업과 목표를 설정하고 달성하는 다양한 방법을 살펴보겠습니다. 생산성을 향상시키고 시간을 더 효율적으로 관리하고자 하는 사람에게 개인의 발전과 개선을 위한 목표를 달성할 수 있는 유용한 자료가 될 것입니다. 구체적으로는 효과적인 작업 목록 생성 및 관리, 알림 설정, 진행 상황 추적, 의사 결정 및 문제 해결 기법, 작업별 프롬프트 활용 등의 주제를 다룹니다.

또한 챗GPT를 사용하여 개인화된 체크리스트를 작성하고, 진행 상황을 추적하며, 효과적으로 결정을 내리는 방법에 관한 예시를 제공합니다. 마지막으로 바쁜 직장인, 학생 그리고 목표를 달성하려는 사람에게 성공에 필요한 도구와 전략을 제공할 것입니다.

다음은 작업을 관리하는 데 있어 발생할 가능성이 높은 몇 가지 일반적인 문제입니다.

- **미루기:** 작업을 시작하거나 완료하지 못하여 지연이 발생하고 마감일을 지키지 못하게 됩니다.
- **집중력 유지:** 작업에 집중하지 못하여 시간이 낭비되고 작업이 미완성으로 남게 됩니다.
- **시간 관리:** 시간을 효과적으로 관리하지 못하여 마감일을 지키지 못하고 생산성이 감소하게 됩니다.
- **목표 설정:** 구체적이고 측정 가능하며, 시간적 제한이 있는 달성 가능한 목표를 설정하는 데 어려움을 겪어 작업의 진행이 늦어집니다.

- **작업 목록 관리:** 작업 목록을 정리하고 우선순위를 결정하는 데 어려움을 겪어 작업 진행이 늦어지고 기한을 놓치게 됩니다.
- **우선순위 결정:** 어떤 작업이 가장 중요한지 결정하지 못하여 방향성이 흐려지게 되고, 이로 인해 스트레스를 받게 됩니다.
- **동기 부여 유지:** 작업을 완료하는 것에 대한 동기를 찾고 유지하는 데 어려움을 겪어 작업을 미루게 되고, 결국 생산성이 감소하게 됩니다.
- **진행 상황 추적:** 목표 달성을 위한 진행 상황을 측정하는 데 어려움이 있어 방향성을 잃고 정체 상태에 빠집니다.
- **시스템 구축:** 작업과 목표를 관리하기 위한 일관된 시스템을 만들고 유지하는 데 어려움을 겪어 혼란이 발생하고 구조적인 부분에서 문제가 생깁니다.

개인적 삶과 직업적 삶에서의 작업 관리

작업, 주요 활동, 체크리스트, 목표 또는 규칙에 대한 진행 상황 추적은 개인과 조직이 체계적으로 유지되도록 돕고, 업무의 우선순위를 결정하며 목표를 달성하는 데 필수 요소입니다. 이러한 요소들은 개인적 삶과 직업적 삶에서 모두 중요한 역할을 합니다.

개인적 삶에서 일과 목표를 달성하면 시간이 효율적으로 관리되어 생산성이 향상되고, 개인의 발전과 개선 목표를 달성하는 데 도움이 됩니다. 예를 들어 '규칙적으로 운동하기'를 작업으로 설정하면 신체적 건강과 체력을 향상시킬 수 있으며, '새로운 기술을 배우기'를 작업으로 설정하면 경력 개발에 도움이 됩니다.

직업적 삶에서 작업 및 주요 활동에 대한 체크리스트를 작성하고 진행 상황을 추적하는 것은 다양한 직업군에서 매우 중요한 요소입니다.

- 조종사는 체크리스트와 작업 목록을 사용하여 항공기가 비행에 적합하게 준비가 되어있는지, 모든 안전 절차를 준수하고 있는지 확인합니다.
- 트럭 운전사는 체크리스트와 작업 목록을 사용하여 차량이 정상적으로 작동하는지, 모든 안전 규정을 준수하고 있는지 확인합니다.

- 정비사는 체크리스트와 작업 목록을 사용하여 차량에 필요한 모든 정비 작업을 수행하고 있는지 확인합니다.
- 건설 노동자는 체크리스트와 작업 목록을 사용하여 모든 안전 절차를 준수하고 필요한 모든 작업을 완료하고 있는지 확인합니다.
- 의료 종사자는 체크리스트와 업무 목록을 사용하여 환자에게 최상의 치료를 제공하기 위해 필요한 모든 규약과 절차를 따르고 있는지 확인합니다.
- 프로젝트 관리자는 체크리스트와 업무 목록을 사용하여 모든 업무가 시간, 예산, 원하는 품질 수준을 만족하는지 확인합니다.

이 예시들은 일부일 뿐이며, 더 많은 직업군에서 작업 목록, 체크리스트, 진행 상황 추적을 사용하여 효율적이고 생산적이며 안전하게 작업을 진행하고 있습니다.

자유 형식 작업과 구조화된 작업

개인적 삶에서 대부분의 작업은 자유 형식이며 구조화되지 않은 경우가 많습니다. 개인적 삶에서 일반적인 작업에는 구입할 식료품 목록 작성하기, 집안 청소하기, 운동하기 등이 있습니다.

이런 작업들은 대개 개인의 목표와 목적에 따라 이루어지며, 의무적으로 수행해야 하는 것은 아닙니다. 그렇지만 개인적 삶에서도 체계를 구축하고 계획을 세운다면 작업을 더 효과적이고 효율적으로 수행할 수 있게 됩니다.

자유 형식 작업

다음은 자유 형식 작업(할 일)의 몇 가지 예시입니다.

- 주간 식단표 작성하기
- 여행 계획 세우기
- 홈 오피스 구성하기

- 옷장 정리하기

- 예산 계획 세우기

- 운동 계획 세우기

- 새로운 기술이나 취미 배우기

- 파티 또는 이벤트 계획하기

- 책 읽기 또는 독서 모임 시작하기

- 집 개조 또는 DIY 프로젝트 계획하기

- 사진 앨범 정리하기

- 조경 프로젝트 시작하기

- 자동차 여행 또는 캠핑 여행 계획하기

- 일기쓰기 또는 일일 계획표 시작하기

- 수납 공간 정리하기

각 예시들은 구조화되지 않은 형태로 시작될 수 있으나 구조화하면 많은 이점을 누릴 수 있게 됩니다. 이때 챗GPT 모델이 도움이 될 수 있습니다.

자유 형식 작업의 구조화

다음은 자유 형식 작업을 구조화하는 몇 가지 프롬프트 공식입니다. 단계별 프롬프트를 사용하여 기본 목록을 작성하는 것부터 시작해보겠습니다.

프롬프트 #436

구조화된 접근법을 사용하여 휴가 계획을 세우기 위한 할 일 목록을 작성하고 계획을 세우는 방법을 알려주세요.

'단계별'이라는 요소를 추가해보겠습니다.

구조화된 접근법을 사용하여 휴가 계획을 세우기 위한 할 일 목록을 작성하고 계획을 세우는 방법을 단계별로 알려주세요.

프롬프트 437에 대한 모델 응답의 예시는 다음과 같습니다.

1. 여행 예산과 일정을 결정합니다. 이 단계에서는 여행에 사용할 예산을 설정하고 여행하고자 하는 날짜를 결정합니다.
2. 잠재적인 여행지를 조사합니다. 이 단계에서는 여행 예산과 일정에 맞는 다양한 여행지를 조사합니다.
3. 여러 선택지를 비교하고 결정합니다. 이 단계에서는 조사한 여행지들을 비교하고 여러분에게 가장 적합한 여행지를 선택합니다.
4. 여행 일정을 예약합니다. 이 단계에서는 항공편, 호텔 등 여행 일정과 관련된 예약을 진행합니다.

여기서도 단계 수를 제안하여 모델의 응답을 제한할 수 있습니다.

구조화된 접근법을 사용하여 휴가 계획을 세우기 위한 할 일 목록을 작성하고 계획을 세우는 방법을 5단계로 알려주세요.

또한 일반적으로 모델에 추가적인 맥락을 제공하면 훨씬 좋은 결과를 얻을 수 있습니다. 예를 들어 자신에 대한 정보, 현재 상황, 작업 목록(할 일 목록)의 이유, 목적지 등에 관한 설명이 있으면 더 좋습니다.

예시 프롬프트를 살펴봅시다.

저는 영국 국적의 미국 거주자입니다. 일본으로 휴가를 계획하려고 하는데, 구조화된 접근법을 사용하여 휴가 계획을 세우기 위한 할 일 목록을 작성하고 계획을 세우는 방법을 단계별로 알려주세요.

또는 다음과 같이 작성할 수도 있습니다.

저는 미국 국적의 하와이 거주자입니다. 예산이 한정되어 있습니다. 일본으로 휴가를 계획하려고 하는데 조식이 포함된 숙박 시설을 이용하고, [장소], [장소]를 방문하려고 합니다. 구조화된 접근법을 사용하여 휴가 계획을 세우기 위한 할 일 목록을 작성하고 계획을 세우는 방법을 단계별로 알려주세요.

더 야심 찬 시도를 해봅시다.

저는 미국 시민권자이며 은퇴한 미국 군인입니다. 1963년부터 1965년까지 오키나와에 주둔했습니다. 구조화된 접근법을 사용하여 오키나와 휴가 계획을 세우려고 하며, 예산에는 제약이 없습니다. 가볼 만한 명소를 포함하여 할 일을 작성하고 계획을 세우는 방법을 단계별로 알려주세요.

그리고 추가 프롬프트로 명소에 대한 도움을 요청할 수 있습니다.

오키나와 근처에 가볼 만한 명소를 추천해주세요.

프롬프트 442에 대한 모델 응답의 예시는 다음과 같습니다.

1. 슈리 성 – 유네스코 세계 문화유산으로 지정된 왕궁으로, 오키나와의 풍부한 역사와 문화를 엿볼 수 있습니다.
2. 오키나와 평화 기념 공원 – 제2차 세계 대전 중 오키나와 전투의 희생자들을 기리기 위해 세워진 공원입니다.
3. 나키진 성 – 이 고대 요새는 환상적인 경치를 자랑하며, 오키나와의 역사와 문화를 배우기에 좋은 장소입니다.
4. 얀바루 숲 – 오키나와의 자연과 멸종 위기 동식물을 보호하는 숲으로, 방문객을 위한 등산로가 있습니다.
5. (생략)

이어서 다음과 같이 물어볼 수 있습니다.

프롬프트 #443

항공편이 토요일에 도착한다고 가정하고, 여행 및 휴식 시간을 고려하여 앞서 말한 관광 명소를 방문할 수 있는 여행 일정을 제공해주세요.

모델은 놀랍게도 다음과 같은 답변을 생성했습니다.

토요일에 도착하는 것을 가정해서 오키나와에서 보낼 5일간의 여행 일정을 제공하겠습니다.

- 1일차 (토요일):
  - 오키나와 도착
  - 호텔 체크인
  - 시차 적응 및 휴식

- 2일차 (일요일):
  - 오전에 슈리 성 방문
  - 나하시에서 점심
  - 오후에 오키나와 평화 기념 공원 방문

- 3일차 (월요일):
  - 오전에 나키진 성 방문
  - 나키진 마을에서 점심
  - 오후에 얀바루 숲 방문
  - 호텔로 귀환

- 4일차 (화요일):
  - 선택적 활동을 위한 자유 시간, 예를 들어 현지 해변 방문, 쇼핑, 오키나와의 역사와 문화 탐험 … (생략)

나쁘지 않죠?

모델이 제공하는 여행 일정 및 정보는 참고용으로만 사용해야 한다는 것을 잊지 마세요!

여행자로서 선호에 따라 조정해야 하며, 정보의 정확성과 타당성을 확인하는 것은 당신의 책임입니다.

또한 반드시 현지 당국 및 여행사와 상담하여 가장 최신의 정보를 얻어야 하며, 일정이 실행 가능하고 안전한지 확인해야 합니다. 추가로, 각 명소를 방문하기 전에 영업 시간, 제한 사항, 티켓 정보를 확인해야 합니다.

지금까지 우리는 자유 형식의 아이디어와 구조화되지 않은 작업 목록을 구조화된 계획으로 바꿔보았습니다.

구조화된 작업

직업적 삶에서의 작업(업무)은 보통 회사나 조직이 지시한 공식 절차의 일부입니다. 이러한 절차는 작업을 효율적이고 효과적으로 완료할 수 있도록 하기 위해 마련된 것입니다.

예를 들어 조종사는 이륙 전에 완료해야 하는 비행 전 체크리스트가 있고, 트럭 운전사는 운전 시간을 기록하는 일지가 있으며, 정비사는 차량을 정비할 때 따라야 하는 일련의 절차가 있습니다. 다음은 구조화된 작업의 몇 가지 예시입니다.

- 항공 조종사를 위한 비행 계획 및 항법
- 항공 조종사를 위한 이륙 전 체크리스트 및 절차
- 항공 교통 관제 절차 및 통신
- 트럭 운전사를 위한 배차 및 경로 계획
- 트럭 운전사를 위한 안전 절차 및 규정
- 트럭 운전사를 위한 차량 유지 보수 및 문제 해결
- 운송 회사를 위한 연료 관리 및 비용 최적화
- 운송 회사를 위한 차량 관리 및 추적
- 물류 관리자를 위한 재고 관리
- 외과 의사를 위한 수술 절차
- 응급 구조 대원을 위한 응급 대응 절차
- 제조 또는 조립 라인 작업자를 위한 제조 공정
- 정비사 또는 현장 서비스 기술자를 위한 장비 유지 보수 일정
- 품질 관리 검사원 또는 감사원을 위한 검사 절차
- 회계사를 위한 재무 보고 및 분석

항공 조종사를 위한 비행 전 체크리스트 및 절차와 같은 구조화된 목록들은 특정 작업이나 활동을 수행하기 위한 표준 가이드라인 역할을 하기 때문에 규제에 따라야 하는 경우가 많으며, 모범 사례를 대표합니다. 목표는 이러한 작업 수행의 일관성과 안전을 보장하는 것입니다.

항공 조종사를 위한 비행 전 체크리스트 및 절차와 같은 규제 대상인 목록을 조사하는 경우, 정보의 중요성과 영향력 때문에 규제 기관에 추가 확인이 필요할 수 있습니다.

챗GPT가 생성한 내용이 규제 기관의 최신 변경 사항을 반영하고 있지 않을 수 있으므로 특히 규제가 엄격한 목록에 대해서는 반드시 교차 점검을 해야 합니다. 규정의 변경은 업계에 중대한 영향을 미칠 수 있기 때문입니다.

변화를 쉽게 받아들이는 모범 사례

구조화된 절차 또는 모범 사례를 바탕으로 시작한 절차라도 정기적으로 검토 및 업데이트를 통해 강화하지 않으면 비구조화되거나 임시방편에 불과한 절차로 전락할 수 있습니다. 이러한 문제는 감독 부족, 조건의 변화, 단순히 절차를 담당하는 개인의 안일함 때문에 발생할 수 있습니다.

절차가 체계화되지 않으면 절차가 수행되는 방식의 일관성이 무너져 혼란이 발생할 수 있습니다. 이런 상황은 실수, 오류, 사고로 이어집니다. 모범 사례로 인정받기 위해서는 일련의 작업이 조직적인 변화를 쉽게 받아들일 수 있어야 합니다. 이때 챗GPT 모델이 도움을 줄 수 있습니다.

챗GPT 모델이 구조화된 작업 목록 내부의 복잡성을 이해하는 데 어떻게 도움이 되는지 살펴보겠습니다.

프롬프트 #444

아폴로 11호와 같은 우주선 발사 준비의 주요 단계는 무엇인가요?

프롬프트 444에 대한 모델 응답의 예시는 다음과 같습니다.

1. **우주선 및 발사체 조립:** 우주선과 발사체의 다양한 구성 요소가 케네디 우주 센터로 운송되어 차량 조립동(VAB)에서 조립됩니다.

2. **테스트 및 검사:** 우주선과 발사체가 발사 준비가 되었는지 확인하기 위해 일련의 테스트와 검사가 수행됩니다. 여기에는 추진 시스템, 전기 시스템, 유도 시스템 테스트가 포함됩니다.

3. **연료 주입:** 우주선과 발사체에 발사에 필요한 연료가 주입됩니다.

4. **결합:** 우주선과 발사체가 결합됩니다.

5. **카운트다운 테스트:** 발사 준비가 되었는지 확인하기 위해 카운트다운 리허설을 합니다.

6. **최종 준비:** 발사 전 최종 준비가 이루어집니다. 여기에는 날씨 확인, 통신 확인, 우주 비행사 슈트 점검이 포함됩니다.

7. **발사대로 이동:** 발사 준비를 위해 발사체를 발사대로 이동합니다.

8. **발사 준비 테스트:** 발사 준비가 모두 완료되었는지 확인하기 위한 마지막 테스트가 수행됩니다.

9. **발사 카운트다운:** 카운트다운이 시작되면 이전 단계에서 검사한 모든 시스템이 작동하는지 다시 한번 확인합니다. 10초부터 시작하여 0초가 되면 우주선이 발사됩니다.

이 응답을 토대로 여러 방향으로 조사를 넓혀갈 수 있지만 지금은 확장 프롬프트 형식을 사용하여 아폴로 11호 발사 전 절차에 관해 자세히 조사해보겠습니다.

프롬프트 #445

최종 준비에 관해 단계별로 자세히 설명해주세요. 발사 전 최종 준비에는 날씨 확인, 통신 확인, 우주 비행사 슈트 점검이 포함됩니다.

프롬프트 445에 대한 모델 응답의 예시는 다음과 같습니다.

1. **날씨 확인**: 발사팀은 풍속, 구름, 온도 등 발사 현장의 기상 조건을 확인하여 발사가 허용되는 한도 내에 있는지 확인합니다.

2. **통신 점검**: 발사팀은 우주선 내 통신 시스템, 우주선과 지상 제어실 간 통신, 회수선의 통신 시스템 등 모든 통신 시스템이 제대로 작동하는지 확인하기 위해 일련의 테스트를 수행합니다.

3. **우주 비행사 슈트 착용**: 우주 비행사들은 슈트를 착용한 다음, 슈트가 완전히 밀폐되고 정상적으로 동작하는지 확인하기 위해 일련의 테스트를 수행합니다. 또한 우주선의 생명 유지 시스템과도 제대로 연결되었는지 확인합니다.

4. **우주 비행사 워크아웃**: 우주 비행사들이 출발 대기실을 떠나 발사대로 걸어가 우주선에 탑승합니다.

구조화된 작업의 해석

다음은 표준 운영 절차 또는 체크리스트를 탐구하기 위한 몇 가지 프롬프트 공식의 예시입니다.

> 프롬프트 #446

[직업/직업군]의 표준 운영 절차를 목록으로 제공해주세요.

> 프롬프트 #447

[작업]에 대한 체크리스트에서 강조할 주요 업무와 책임은 무엇인가요?

> 프롬프트 #448

[직업/직업군]이 [작업] 중 따라야 할 단계별 가이드를 제공해주세요.

[직업/직업군]이 [작업]을 수행할 때 표준 운영 절차에 명시된 주요 단계와 절차는 무엇인가요?

[직업/직업군]이 [작업] 전, 중, 후에 완료해야 할 작업 체크리스트를 제공해주세요.

[직업/직업군]이 [작업]을 수행할 때 표준 운영 절차에 명시된 중요한 업무는 무엇인가요?

[직업/직업군]이 [작업]을 수행할 때 따라야 할 주요 단계 및 절차 목록을 제공해주세요.

[직업/직업군]이 [작업]에 대한 체크리스트에 명시된 핵심 작업은 무엇인가요?

[직업/직업군]이 [작업]을 수행할 때 따라야 할 표준 절차 및 규약 목록을 제공해주세요.

프롬프트 #455

[직업/직업군]의 성공적인 [작업]을 보장하기 위해 체크리스트에 명시된 중요한 작업은 무엇인가요?

프롬프트 #456

[직업/직업군]의 표준 운영 절차의 체크리스트를 제공해줄 수 있나요?

프롬프트 #457

업계 표준에 따라 [작업]과 관련된 주요 업무와 단계는 무엇인가요?

프롬프트 #458

[직업/직업군]에서의 규정을 준수하고 안전을 보장하기 위한 단계별 과정은 무엇인가요?

프롬프트 #459

[직업/직업군]이 업무를 효과적으로 수행하기 위한 필수적인 작업 목록 및 절차를 제공해주세요.

프롬프트 #460

[직업/직업군]이 매일 따라야 할 주요 체크리스트와 규정은 무엇인가요?

프롬프트 #461

업계 모범 사례에 따라 [작업]을 위한 업무와 절차의 포괄적인 목록을 제공해주세요.

[직업/직업군]이 [작업]을 안전하고 효율적으로 완료하기 위해 따라야 할 필수적인 단계와 절차는 무엇인가요?

프롬프트 #463

[직업/직업군]이 [위험]에 대비하기 위한 표준 운영 절차의 상세한 목록을 제공해 주세요.

프롬프트 #464

[직업/직업군]이 [목표/목적]을 달성하기 위해 따라야 할 중요한 작업 및 절차는 무엇인가요?

프롬프트 #465

[직업/직업군]이 [작업]을 수행할 때 따라야 할 구조화된 작업 목록 및 체크리스트를 제공해주세요.

챗GPT에게 물어볼 때 자주 사용되는 내용을 요약하면 다음과 같습니다.

- 작업과 체크리스트를 명확하고 구체적인 언어로 작성하여 쉽게 이해하고 따를 수 있도록 해주세요.
- 중요도와 긴급한 정도에 따라 작업과 목표를 우선순위로 정렬해주세요.
- 마감일과 기한을 지킬 수 있도록 알림을 사용해주세요.
- 진행 상황을 추적하고 목표를 달성하기 위해 필요에 따라 작업과 체크리스트를 조정해주세요.
- 템플릿 또는 기존 체크리스트를 참고하여 나만의 체크리스트를 만들어 필요한 모든 단계가 포함되도록 해주세요.

- 작업과 체크리스트가 지속적으로 관련성이 있는지 확인하기 위해 정기적으로 검토하고 업데이트해주세요.
- 챗GPT와 같은 도구를 사용해서 반복적인 작업 자동화, 진행 상황 추적, 효율적인 작업 완료를 위한 방법을 제안해주세요.
- 팀원이나 동료의 피드백과 의견을 적극 수용하여, 작업과 체크리스트가 포괄적이고 효과적인지 확인해주세요.
- 데이터와 분석을 활용하여 작업과 체크리스트의 효과를 측정하고 필요한 경우 개선해주세요.
- 구조화된 작업 목록이 최신 상태를 유지하고 변화하는 요구 사항에 대응할 수 있도록 환경이나 상황의 변화를 지속적으로 평가하고 조정해주세요.

이전 프롬프트와 마찬가지로 목록 생성, 단계별 접근, 세부 정보 요청의 조합을 통해 상세한 정보와 재사용 가능한 지식을 찾아낼 수 있습니다.

다시 한번 강조하지만, 모든 챗GPT의 응답이 제공하는 정보는 조사를 기반으로 한 것이기 때문에 완전히 정확하지 않을 수 있습니다. 정보의 정확성에 대한 책임은 항상 사용자에게 있습니다.

4 부

프롬프트 활용 전략

37장 참조 모델, 방법론, 인터프리터를 활용한 프롬프트

이 장에서는 참조 모델과 방법론에 대해 깊이 탐구하고, 업계 표준과 모범 사례를 준수하는 것의 중요성을 알아보겠습니다. 또한 시스템 아키텍처에서 인터프리터 interpreter의 역할과 고급 프로그래밍 언어를 기계 코드로 변환하는 데 인터프리터가 어떻게 도움을 주는지 살펴보겠습니다.

참조 모델, 방법론, 업계 표준 및 모범 사례, 인터프리터 사용에 관한 깊은 이해는 업무 처리를 위한 시스템 구축에 있어 중요한 역할을 하며 견고한 기반이 됩니다.

이 주제는 광범위하고 다양한 면을 가지고 있기 때문에 이번 장은 광범위한 개념들을 간단히 소개하는 데 중점을 두겠습니다. 여기서 소개하는 방법을 실제 상황에 적용을 하려면 더 깊은 이해와 추가적인 연구 및 학습이 필요합니다.

모범 사례

모범 사례에 관해 간단히 설명하자면, 일반적인 관행이 널리 받아들여지면 모범 사례가 될 수 있습니다.

모범 사례는 특정 분야에서 성공적인 결과를 얻기 위해 검증된 방법과 절차를 의미합니다. 개인이나 조직의 고유한 요구 사항에 맞게 채택, 적용, 변형할 수 있기 때문에 '모범' 사례라고 불립니다.

이러한 과정을 통해 모범 사례는 개인이나 조직에게 효율적이며 경제적으로 일관된 결과를 산출하는 좋은 관행이 됩니다. 이런 좋은 관행은 여러분 또는 여러분의 조직에게 훌륭한 결과를 가져다줍니다. 그리고 좋은 관행이 안정화되어 채택되면 이를 바탕으로 더 나은 방법을 찾기 위한 혁신이 발생합니다.

필자는 저서『Guide to the Universal Service Management Body of Knowledge』(Service Management 101, 2008)에서 이러한 주기가 어떻게 작동하고 관리될 수 있는지 설명하기 위해 '관행 라이프사이클practice lifecycle'이라는 용어를 도입했습니다. 이 사이클은 일반 관행, 모범 사례, 좋은 관행, 다음 단계로 나뉩니다.

프롬프트 #466

[산업 분야]에서 [역할]로서 일반적으로 사용되는 [참조 모델]의 모범 사례에 관한 정보를 제공해주세요. 제가 주로 관심을 갖는 것은 [활동/직무 책임]입니다.

프롬프트 #467

[산업 분야]에서 사용되는 [참조 모델]을 적용한 [활동/직무 책임]에 대한 모범 사례를 알려주세요.

프롬프트 #468

[산업 분야]에서 사용되는 [참조 모델]을 적용한 [활동/직무 책임]의 모범 사례에 관한 지침을 찾고 있습니다. 이 정보를 찾는 데 도움을 줄 수 있나요?

참조 모델

참조 모델은 특정 분야나 산업에 사용되는 고수준의 구조[40]와 공통 용어common terminology[41]를 제공하는 프레임워크입니다.

참조 모델은 특정 산업이나 분야에 대한 이해와 공통 용어를 제공하며, 시스템, 프로세스, 제품을 만들고 평가하기 위한 가이드 역할을 합니다. 구체적으로는 모범 사례를 참고하여 차이점과 개선을 위한 기회를 파악하고, 조직 내 목표 및 방향성을 일치시키며, 다른 업무 시스템과의 통합을 제공하기 위한 기반으로 사용됩니다.

참조 모델은 일반적으로 산업 분야의 협회나 조직에 의해 개발 및 유지되며, 방법론, 표준, 가이드라인과 함께 사용되어 조직의 전반적인 효율성을 향상시킵니다.

참조 모델은 다양한 분야에서 사용됩니다. 특히 IT 분야에서 사용되는 참조 모델들은 복잡하고 전문적이기 때문에 여기에서는 비즈니스 분야에서 사용되는 참조 모델에 초점을 맞추어 설명하겠습니다.

> 프롬프트 #469
>
> [산업 분야]에서 일반적으로 사용되는 참조 모델 목록을 제공해주세요. 각 모델에 대한 요약과 주요 관심 분야도 포함해주세요.

일반적인 참조 모델

다음은 산업 분야 전반에 걸쳐 일반적으로 사용되는 모델입니다.

- **공급망 운영 참조**supply chain operations reference **(SCOR)**: 이 모델은 공급망 관리를 위한 참조 모델입니다. 공급망 운영의 설계, 분석, 개선을 위한 프레임워크를 제공합니다.

---

40 옮긴이_복잡한 시스템이나 프로세스를 단순화하여 체계적으로 표현하는 추상적인 구조입니다.
41 옮긴이_특정 도메인이나 산업에서 사용되는 일관된 언어로, 해당 분야의 전문가들 사이의 원활한 소통과 이해를 돕습니다.

- **균형성과표**balanced scorecard**(BSC)**: 기업의 비전과 전략에 따라 비즈니스 활동을 조정하는 데 사용되는 성과 관리 프레임워크입니다.

- **맥킨지**McKinsey **7S 프레임워크**: 조직의 성과에 영향을 주는 내부 및 외부 요인을 분석하고 평가하는 데 사용되는 관리 모델입니다.

- **포터의 5가지 경쟁 요인**Porter's five forces: 산업이나 시장의 경쟁 요인을 분석하는 데 사용되는 프레임워크입니다.

- **SWOT 분석**: 조직의 내부 강점과 약점, 외부 기회와 위협을 평가하는 도구입니다.

- **비즈니스 모델 캔버스**Business Model Canvas**(BMC)**: 기업의 가치 제안, 고객 세분화, 채널, 수익원, 비용을 설명하고 시각화하는 데 사용되는 템플릿입니다.

- **사전 제품 품질 계획**Advanced Product Quality Planning**(APQP)**: 고객 만족과 규정 준수를 보장하는 제품 개발 프로세스를 계획하고 실행하는 데 사용되는 프레임워크입니다.

- **프로젝트 관리 지식 체계**Project Management Body of Knowledge**(PMBOK)**: 프로젝트를 관리하는 데 사용되는 표준 프레임워크를 제공하는 가이드입니다. 프로젝트 관리 분야에서 널리 사용되는 프로세스, 모범 사례, 용어를 포함합니다.

프롬프트 #470

[참조 모델]이 비즈니스 환경에서 어떻게 사용되었는지 자세한 정보와 예시를 제공해주세요.

프롬프트 #471

[참조 모델]에 관한 상세한 정보와 함께 [도전 과제/문제]를 해결하는 데 어떻게 사용될 수 있는지 알려주세요.

산업 분야별 참조 모델

다음은 비즈니스 산업 분야별 참조 모델입니다.

- **기술 및 IT**: IT 서비스 관리에 있어 널리 인정받는 프레임워크인 **ITIL**[IT Infrastructure Library][42] 은 IT 서비스 제공, 지원, 관리를 위한 모범 사례를 제공합니다. 최근 버전에서는 프로세스에서 IT 서비스 수명 주기로 초점을 옮겼으며, 현재는 IT 서비스 가치 체계의 구축 및 운영에 초점을 맞추고 있습니다.

- **제품 및 서비스 관리**: **USMBOK**[43]는 서비스 관리 개념 및 방법에 관한 종합 안내서로, 산업에 관계없이 모든 서비스 제공 업체 또는 서비스 비즈니스에 적용할 수 있습니다.

- **영업 및 마케팅**: **앤소프 매트릭스**[Ansoff matrix]는 제품 및 시장 성장 전략을 결정하는 데 도움이 되는 전략 계획 도구입니다. 시장 침투, 시장 개발, 제품 개발 및 다각화와 같은 다양한 성장 전략의 잠재력을 분석하는 데 도움이 됩니다.

- **인사 관리**: **전략적 인적자원관리**[Strategic Human Resource Management] **(SHRM)** 모델은 인사 전략과 관행을 전체 비즈니스 전략 및 목표에 맞춰 조정하는 프레임워크입니다.

- **고객 서비스**: **SERVQUAL**[44]은 고객의 기대와 실제로 제공받은 서비스에 대한 인식 사이의 격차를 평가하여 서비스 품질을 측정하는 프레임워크입니다.

- **헬스케어 및 의료**: **Triple Aim**은 환자의 건강 개선, 환자의 의료 경험 향상, 1인당 의료 비용 절감을 목표로 하는 프레임워크입니다.

- **금융 및 은행**: **바젤**[Basel] **III**[45]는 은행의 규제, 감독, 위험 관리를 개선하기 위한 국제 은행 규제입니다. 여기에는 자본의 양과 질을 개선하고 은행의 레버리지 비율 및 유동성을 개선하는 조치가 포함됩니다.

- **리테일 및 이커머스**: **리테일 비즈니스 모델**은 리테일 비즈니스의 핵심 요소와 요소 간의 관계를 설명하는 프레임워크입니다.

- **제조 및 생산**: **린 제조**[Lean manufacturing] **모델**은 제조 과정에서 낭비를 줄이고 효율성을 극대화하며 품질을 높이는 데 초점을 맞춘 프레임워크입니다.

- **에너지 및 설비**: **스마트 그리드**[smart grid] **프레임워크**는 첨단 기술을 사용하여 전기의 생산 및 배포를 관리하는 프레임워크입니다.

---

42 옮긴이_영국 정부 기관인 OGC(Office of Government Commerce)가 개발해 전 세계 기업에게 인정받은 표준 IT 관리 가이드라인입니다.
43 옮긴이_저자가 집필한 서비스 관리 개념 및 방법을 제공하는 포괄적인 참조 서적입니다.
44 옮긴이_'service'와 'quality'의 합성어로 서비스 품질을 측정하기 위한 모델입니다.
45 옮긴이_바젤 은행 감독 위원회(Basel Committee on Banking Supervision, BCBS)에서 금융 위기의 재발을 막기 위해 내놓은 은행 자본 건전화 방안의 개혁안입니다.

- **운송 및 물류:** 공급망 운영 참조(SCOR)는 기업이 공급망 성능을 평가하고 개선할 수 있도록 하는 프레임워크입니다.
- **건축 및 건설 엔지니어링:** 빌딩 정보 모델링building information modeling(BIM)은 디지털 기술을 사용하여 건물의 3D 모델을 생성하는 프레임워크입니다.
- **교육 및 훈련:** ADDIE[46] 모델은 교육 자료 설계 및 개발에 사용되는 프레임워크입니다.
- **농업 및 식품 생산:** HACCP은 식품 안전 위협 요소를 식별하고 통제하는 데 사용되는 프레임워크입니다.
- **숙박 및 관광:** 호텔 경영 관리 모델hospitality management model(HMM)은 숙박 산업을 위한 종합적인 참조 모델로, 고객 참여부터 운영 관리까지 모든 숙박 관리 측면을 다룹니다.
- **부동산 및 자산 관리:** 부동산 투자 신탁real estate investment trust(REIT)은 일반 투자자가 주식을 매입하여 소액으로 부동산에 투자할 수 있는 프레임워크입니다.
- **통신:** 통신 산업 협회Telecommunications Industry Association(TIA)[47]는 통신 제품 및 서비스에 대한 업계 표준을 설정하는 프레임워크입니다.
- **미디어 및 엔터테인먼트:** 포터의 5가지 경쟁 요인은 미디어 및 엔터테인먼트 산업의 경쟁력을 분석하는 데 사용되는 프레임워크입니다.
- **제약 및 생명공학:** 우수 의약품 제조 및 품질 관리 기준Good Manufacturing Practices(GMP)은 제약 및 생명공학 제품의 생산 및 품질 관리에 관한 가이드라인을 제시하는 프레임워크입니다.
- **환경 및 재생 에너지:** 지속 가능성 프레임워크는 환경, 사회 및 경제적 요소를 포함하여 지속 가능한 발전을 달성하기 위한 프레임워크입니다.
- **자동차 및 운송 장비:** 생산 부품 승인 프로세스Production Part Approval Process(PPAP)는 부품 및 어셈블리가 고객의 요구 사항을 충족하고 생산에 적합한지 확인하는 표준화된 프로세스입니다. 여기에는 부품, 공정, 생산 절차를 문서화하고 테스트하는 것이 포함됩니다.
- **전문 서비스(컨설팅, 법률, 회계):** 미국공인회계사협회American Institute of Certified Public Accountant(AICPA) 전문가 표준은 회계 서비스의 수행을 위한 원칙과 지침을 제공하는 프레임워크입니다.

---

46 옮긴이_ 분석(Analysis), 설계(Design), 개발(Development), 실행(Implementation), 평가(Evaluation)의 5단계로 구성됩니다.
47 옮긴이_미국 전기통신공업회입니다.

- **정부 및 공공 서비스: 정부업무수행성과법** Government Performance and Results Act **(GPRA)**은 정부 부문에서 목표 설정 및 성과 측정을 위한 시스템을 구축하는 프레임워크입니다.
- **비영리 단체 및 사회적 기업: 사회적 투자 수익률** social return on investment **(SROI)**은 비영리 단체의 활동이 사회 및 환경에 미치는 영향을 측정하는 프레임워크입니다.

프롬프트 #472

주요 기능과 이점, 성공적인 구현 사례 또는 예시를 포함하여 [산업 분야]의 [참조 모델]에 관한 자세한 정보를 제공해주세요.

프롬프트 #473

200자 이내로 주요 기능과 이점을 포함하여 [산업 분야]의 [참조 모델]에 관한 요약을 제공해주세요.

방법론

방법론은 문제 해결, 작업 완료, 목표 달성을 위한 체계적이고 구조화된 접근 방식으로, 특정 결과를 달성하기 위해 수행되는 프로세스 및 행동의 절차, 기술, 도구, 모범 사례의 집합입니다.

방법론은 일관성 있고 효율적인 결과를 보장하기 위해 프로젝트 관리, 소프트웨어 개발, 연구 및 비즈니스 관리와 같은 분야에서 일반적으로 사용됩니다. 방법론은 종종 '참조 모델'과 혼동되기도 합니다.

- **게임화** gamification **:** 게임 이외의 상황에서 게임 요소와 게임 사고를 사용해 사람들을 참여시키고 동기를 부여하여 목표를 달성하는 방법론입니다. 이는 의료, 교육 및 직원 교육을 포함한 다양한 산업에서 사용자 참여와 동기 부여를 위해 사용됩니다.
- **6 시그마(6σ):** 비즈니스 프로세스를 개선하고 결함을 줄이는 데 사용되는 품질 관리 방법론입니다.

- **린 사고**Lean thinking**:** 비즈니스 프로세스에서 효율성을 높이고 낭비를 줄이는 것을 목표로 하는 방법론입니다. 제조 및 서비스 산업에서 생산성 향상 및 고객 만족도 개선을 위해 널리 사용됩니다.

- **고장 형태 및 영향 분석**Failure Modes and Effects Analysis**(FMEA):** 위험 관리 및 지속적 개선을 위해 시스템에서 잠재적 실패와 그 영향을 파악하는 방법론입니다.

- **전사적 품질 경영**Total Quality Management**(TQM):** 모든 직원이 품질 개선 프로세스에 참여하여 지속적인 개선 및 고객 만족에 중점을 두는 방법론입니다.

- **카이젠**Kaizen**:** 비즈니스의 모든 측면에서 작고 지속적인 개선을 강조하는 일본의 방법론입니다.

- **애자일 사고**agile thinking**:** 소프트웨어 개발에서 주로 사용되는 유연하고 반복적인 방법론으로, 협업, 고객 참여, 변화에 대한 빠른 적응을 강조합니다.

- **스크럼**scrum**:** 작업을 스프린트sprint라 불리는 짧은 주기로 구성하고, 이를 완료하기 위해 다양한 역량을 갖춘 팀을 활용하는 애자일 방법론입니다.

- **디자인 사고:** 사용자에 대한 공감, 반복, 프로토타이핑을 강조하여 혁신적인 솔루션에 도달하는 문제 해결 방법론입니다.

- **가치 흐름도**value stream mapping**:** 자료 및 정보의 흐름을 매핑하여 업무 프로세스에서 낭비되는 부분을 식별하고 제거하는 데 도움이 되는 방법론입니다.

- **제약이론**Theory of Constraints**:** 시스템의 병목 현상을 식별하고 제거하여 전체 성능을 향상시키는 데 중점을 두는 방법론입니다.

- **5 Whys:** 문제의 근본적인 원인을 찾아내기 위해 '왜'라는 질문을 다섯 번 하도록 권장하는 간단한 문제 해결 방법론입니다.

- **PDCA 사이클:** 프로세스와 시스템을 개선하기 위해 지속적으로 계획Plan, 실행Do, 점검Check, 조치Act를 주기 반복하는 방법론입니다.

- **OODA 루프:** 관찰Observe, 방향Orient, 결정Decide, 행동Act의 약자로, 긴장이 높은 환경에서 빠르고 효과적인 의사 결정을 내리기 위해 사용됩니다.

프롬프트 #474

[산업 분야]에서 직원 참여와 동기 부여를 위해 게임화 방법론을 어떻게 적용할 수 있는지 자세한 정보를 알려주세요.

프롬프트 #475

고객 유지 및 충성도 향상을 위해 [산업 분야]에서 게임화 방법론이 성공적으로 구현된 몇 가지 예시를 들어주세요.

프롬프트 #476

[산업 분야]에서 사용자 경험을 개선하고 제품 선택을 촉진하기 위해 게임화 방법론을 어떻게 사용할 수 있나요?

프롬프트 #477

[산업 분야]에서 게임화 방법론을 사용하여 원하는 행동과 결과를 이끌어내기 위한 모범 사례에는 어떤 것이 있나요?

프롬프트 #478

[산업 분야]에서 특정 도전 과제를 해결하기 위해 게임화 방법론이 사용된 사례 연구나 예시를 알려주세요.

프롬프트 #479

어떤 방법론이 비즈니스 환경에서 어떻게 사용되었는지에 대한 자세한 정보와 예시를 알려주세요.

프롬프트 #480

[방법론]이 비즈니스 환경에서 어떻게 구현되는지에 대한 단계별 프로세스를 포함하여 [방법론]에 관해 설명해주세요.

[산업 분야]에서 [도전 과제/문제]를 해결하기 위해 [방법론]이 어떻게 사용되었는지에 대한 자세한 정보와 예시를 제공해주세요.

[산업 분야]에서 [도전 과제/문제]를 해결하기 위해 [방법론]이 어떻게 구현되었나요?

[산업 분야]에서 기업이 [도전 과제/문제]를 극복하는 데 도움이 된 [방법론]의 예시를 들어주세요.

[도전 과제/문제]를 해결하기 위해 [방법론]을 사용하는 방법에 관해 단계별 지침을 제공해주세요.

인터프리터

챗GPT에서 인터프리터는 입력 텍스트를 한 형태에서 다른 형태로 변환하는 소프트웨어 구성 요소입니다. 입력 테스트를 변환하는 것에는 한 언어에서 다른 언어로 번역하는 것(예 영어 → 라틴어)이나 입력된 것을 기계가 읽을 수 있는 형식으로 변환하는 것과 같은 작업이 포함됩니다. 인터프리터의 예시는 다음과 같습니다.

- **번역**human language interpreters : 서로 다른 언어를 사용하는 두 명 이상의 사람들 사이에서 이루어지는 대화나 기록을 다른 언어로 변환합니다. 번역은 비즈니스 회의, 진료 예약, 법적 절차 등 다양한 상황에서 사용됩니다.

- **시스템 프로그래밍 인터프리터**: 프로그래밍 언어로 작성된 소스 코드를 기계가 읽을 수 있는 코드로 번역하여 컴퓨터에서 실행될 수 있도록 합니다. 프로그래밍 인터프리터의 예로는 파이썬Python 인터프리터, 펄Perl 인터프리터, 루비Ruby 인터프리터가 있습니다.

- **커맨드 라인**command line **인터프리터**: 커맨드 라인 인터페이스에서 사용자가 입력한 명령을 처리합니다. 커맨드 라인 인터프리터의 예로는 유닉스 셸 및 윈도우 커맨드 프롬프트가 있습니다.

- **머신러닝 인터프리터**: 머신러닝 알고리즘에서 데이터의 패턴과 관계를 해석하는 데 사용됩니다. 머신러닝 인터프리터의 예로는 의사 결정 트리decision tree와 인공 신경망artificial neural network이 있습니다.

> 프롬프트 #485
>
> [인터프리터 유형]으로 [작업/요청]을 도와주세요.

번역

비즈니스 측면에서 번역은 다른 언어를 사용하거나 다른 문화권의 사람들 사이의 의사소통 및 이해를 돕는 사람 또는 도구를 의미합니다. 여기에는 번역가나 협상가와 같은 역할이 포함될 수 있습니다. 또한 Quora[48]와 같은 커뮤니티의 질의응답 시스템이나 서비스와 같은 형태일 수도 있습니다.

---

48 옮긴이_사용자 커뮤니티로, 질의응답 웹 사이트입니다. *https://www.quora.com/*

당신은 [언어]에서 [다른 언어]로 단어나 구문을 번역하는 번역가입니다. 제가 끝 내도 된다고 말할 때까지 이 작업 모드를 유지해주세요. 당신은 항상 응답 후에 번역이 필요한 다른 단어나 문장이 있는지 물어보아야 합니다. 이해가 되었나요?

[산업 분야]의 업무 환경에서 [구체적인 번역 역할]을 어떻게 활용할 수 있는지 자 세한 정보를 제공해주세요. 특히 [도전 과제/문제]를 해결하기 위해 어떻게 적용할 수 있는지 알려주세요.

[단어]를 [다른 언어]로 번역해줄 수 있나요?

[다른 언어]로 다음 문구 [문구]를 번역해주세요.

다음 내용을 프랑스어로 번역해주세요 : [내용]

[구체적인 번역 역할]을 해줄 수 있나요? [작업/행동/문제]와 관련된 질문을 하면 당신은 그에 맞는 답변을 해주세요. 이해했나요? 계속하기 전에 작업을 이해했는 지 확인해주세요.

시스템 프로그래밍 인터프리터

시스템 측면에서 인터프리터는 사용자와 컴퓨터 간의 중개자 역할을 하는 프로그램입니다. 인터프리터는 PHP[49]와 같은 고급 프로그래밍 언어로 작성된 명령을 읽고 실행하며, 이를 컴퓨터가 이해할 수 있는 기계 코드로 변환합니다.

이를 통해 개발자는 사람이 더 쉽게 이해할 수 있는 언어로 코드를 작성할 수 있으며, 인터프리터는 그 코드를 컴퓨터가 실행할 수 있는 형태로 변환합니다.

다음은 시스템 인터프리터를 포함하는 일반적인 프로그래밍 언어입니다.

- **PHP**: 웹 개발과 범용 프로그래밍을 위해 사용되는 서버 측 스크립트 언어입니다.
- **파이썬**: 웹 개발, 데이터 분석, 인공지능 등에 사용되는 고급 프로그래밍 언어입니다.
- **자바스크립트**JavaScript: 대화형 프런트엔드 웹 애플리케이션을 만들기 위해 사용되는 클라이언트 측 프로그래밍 언어입니다.
- **루비**: 간결하고 우아한 구문으로 잘 알려진 범용 프로그래밍 언어입니다.
- **HTML**: 웹 페이지를 만들고 구조화하는 데 사용되는 마크업markup[50] 언어입니다.
- **CSS**: 웹 페이지의 표현 방식을 기술하는 스타일 시트[51] 언어입니다.

시스템 프로그래밍 인터프리터는 전문 지식과 경험이 필요하므로 시스템 프로그래밍 인터프리터의 기본 개념만을 소개했습니다.

다음은 프로그래밍 언어별 프롬프트 템플릿 예시입니다.

> 프롬프트 #492
>
> **PHP**
> 당신은 PHP 인터프리터입니다. 제가 PHP 코드를 주면 코드를 실행해주세요. 코드의 출력 외에는 어떠한 응답도 하지 마세요.

---

49 옮긴이_동적 웹 페이지를 만들기 위해 설계된 범용 프로그래밍 언어입니다.
50 옮긴이_웹 페이지를 생성하고 구조화하는 데 사용되는 태그나 기호를 통해 텍스트나 이미지에 의미와 구조를 부여하는 방식입니다.
51 옮긴이_웹 페이지의 디자인과 레이아웃을 정의하는 규칙들이 포함된 문서로, 웹 페이지의 시각적 요소를 통일하고 조절하는데 활용됩니다.

첫 번째 코드는 다음과 같습니다.

```
<?php echo 'Hello World!'; ?>
```

파이썬

파이썬 인터프리터처럼 행동해주세요. 제가 파이썬 코드를 주면 코드를 실행해주세요. 코드의 출력 외에는 어떠한 응답도 하지 마세요.

첫 번째 코드는 다음과 같습니다.

```
print('Hello World!')
```

자바스크립트

자바스크립트 인터프리터처럼 행동해주세요. 제가 자바스크립트 코드를 주면 코드를 실행해주세요. 코드의 출력 외에는 어떠한 응답도 하지 마세요.

첫 번째 코드는 다음과 같습니다.

```
console.log('Hello World!');
```

루비

루비 인터프리터처럼 행동해주세요. 제가 루비 코드를 주면 코드를 실행해주세요. 코드의 출력 외에는 어떠한 응답도 하지 마세요.

첫 번째 코드는 다음과 같습니다.

```
puts 'Hello World!'
```

HTML

HTML 인터프리터처럼 행동해주세요. 제가 HTML 코드를 주면 결과 웹 페이지를 출력해주세요. 코드의 출력 외에는 어떠한 응답도 하지 마세요.

첫 번째 코드는 다음과 같습니다.

```
<!DOCTYPE html> <html> <head> <title>Hello World</title> </head>
<body> <h1>Hello World!</h1> </body> </html> ```
```

CSS

CSS 인터프리터처럼 행동해주세요. 제가 CSS 코드를 드리겠습니다. 결과 스타일을 출력하세요. 코드의 출력 외에는 어떠한 응답도 하지 마세요.

첫 번째 코드는 다음과 같습니다.

```
h1 { color: blue; }
```

이 코드가 무엇을 하는지 설명해주세요.

```
[코드]
```

기존 콘텐츠 분석 및 개선

이 장에서는 챗GPT를 활용하여 기존의 콘텐츠나 아이디어를 분석하고, 개선할 영역을 찾고, 현재의 트랜드와 정보를 바탕으로 새로운 아이디어를 생성하는 방법을 살펴보겠습니다.

작가, 마케터, 학생 등 누구나 챗GPT를 사용하여 콘텐츠의 차이점, 모순, 편견, 오류를 찾아낼 수 있습니다. 즉, 챗GPT를 사용하여 조사하고, 사실을 확인하며, 콘텐츠에 근거를 추가할 수 있습니다.

지금부터 챗GPT를 사용하여 기존의 콘텐츠와 아이디어를 어떻게 분석하고 개선하는지 알아보겠습니다. 다음은 기존 콘텐츠와 아이디어를 개선하는 데 도움이 될 수 있는 프롬프트 예시입니다.

프롬프트 #499

의견 제공

[콘텐츠/아이디어]를 검토하고 잘 작성된 부분과 개선이 필요한 부분에 대한 의견을 주세요.

프롬프트 #500

차이점 또는 모순 파악

[콘텐츠/아이디어]에서 차이점이나 모순을 찾아내고 이를 해결할 방법을 제안해주세요.

조사 및 사실 확인

[콘텐츠/아이디어]에 대해 조사하고 사실을 확인한 다음, 이를 뒷받침하는 추가 정보와 출처를 제공해주세요.

편견 또는 오류 식벽

[콘텐츠/아이디어]에서 잠재적인 편견이나 오류를 찾아내고 이를 해결할 방법을 제안해주세요.

잠재적인 영향 및 결과 파악

[콘텐츠/아이디어]의 잠재적인 영향과 결과를 찾아내고 이를 해결할 방법을 제안해주세요.

다른 관점 제공

제가 놓쳤을 수 있는 부분이나 실수를 찾을 수 있도록 [콘텐츠/아이디어]에 대한 다른 관점을 제공해주세요.

지식 활용

[주제]에 관한 지식과 이해를 바탕으로 [콘텐츠/아이디어]를 개선할 수 있는 인사이트 및 제안을 제공해주세요.

이러한 예는 명확하고 구체적이므로 챗GPT가 필요한 사항을 쉽게 이해하여 관련성이 높은 유용한 응답을 제공할 수 있습니다. 다음은 몇 가지 추가 프롬프트입니다.

프롬프트 #506

다음 콘텐츠의 문법을 수정하고 개선해주세요.
[콘텐츠]

프롬프트 #507

다음 콘텐츠를 트윗으로 요약해주세요.
[콘텐츠]

프롬프트 #508

다음 [콘텐츠]에 답글을 작성해주세요.
[콘텐츠]

프롬프트 #509

이 이메일에 정중하게 거절하는 답장을 작성해주세요.
[이메일 내용]

프롬프트 #510

이 제목을 매력적이고 흥미로우며 주목을 끌 수 있게 바꿔주세요.
[제목]

프롬프트 #511

[콘텐츠/아이디어]의 구조를 개선하기 위한 제안을 해주세요.

프롬프트 #512

제 [콘텐츠/아이디어]가 독자의 관심을 더 끌려면 어떻게 변경하는 것이 좋을까요?

프롬프트 #513

[콘텐츠/아이디어]를 더 간결하고 영향력 있게 만들 수 있는 부분을 찾아주세요.

프롬프트 #514

[콘텐츠/아이디어]의 어조와 서술 스타일에 대한 피드백을 주세요.

프롬프트 #515

제 [콘텐츠/아이디어]에 깊이와 세부 사항을 더하기 위한 방법을 제안해주세요.

프롬프트 #516

제 [콘텐츠/아이디어]에 창의성과 독창성을 더할 수 있도록 도와주세요.

프롬프트 #517

제 [콘텐츠/아이디어]와 타깃의 관련성을 높일 수 있도록 제안해주세요.

프롬프트 #518

제 [콘텐츠/아이디어]를 시각적으로 더 매력적이게 만들려면 어떻게 변경하는 것이 좋을까요?

프롬프트 #519

제 [콘텐츠/아이디어]가 돋보이고 기억에 남을 수 있도록 만드는 방법을 찾아주세요.

프롬프트 #520

제 [콘텐츠/아이디어]를 설득력 있게 만들기 위한 제안을 해주세요.

그리고 몇 가지 공식적인 스타일의 프롬프트 템플릿도 있습니다.

프롬프트 #521

[주제]에 관한 다음 콘텐츠를 개선할 수 있는 3가지 방법을 제안해주세요.

　[콘텐츠]

프롬프트 #522

마케팅에 관한 다음 콘텐츠를 개선할 수 있는 3가지 방법을 제안해주세요.

　[콘텐츠]

프롬프트 #523

다음은 혁신과 관련된 목록입니다. 이 목록에 추가할 수 있는 새로운 아이디어 5가지를 제안해주세요.

　[목록]

다음 콘텐츠에서 지속 가능성을 주제로 독자의 흥미를 끌려면 어떻게 해야 할까요?

    [콘텐츠]

리더십에 관한 다음 콘텐츠를 더 간결하게 수정할 수 있게 도와주세요.

    [콘텐츠]

제품 개발과 관련된 다음 목록을 다른 표현으로 바꿔주세요.

    [목록]

고객 서비스와 관련된 다음 목록에 예시를 추가해주세요.

    [목록]

팀 빌딩에 관한 다음 콘텐츠를 개선할 방법을 찾아 제안해주세요.

    [콘텐츠]

재무 계획에 관한 다음 콘텐츠를 시각적으로 더 매력적이게 만드는 방법을 제안해 주세요.

    [콘텐츠]

건강과 웰빙 주제에 관한 다음 콘텐츠를 더 많은 사람들에게 매력적으로 보이도록 문구를 수정해주세요.

　　[콘텐츠]

디지털 트랜스포메이션에 관한 다음 아이디어 목록을 확장할 방법을 제안해주세요.

　　[목록]

비교 및 대조

다음과 같은 프롬프트를 사용하여 주제 또는 정보를 비교해볼 수 있습니다.

[주제 A]와 [주제 B]를 비교 및 대조해주세요.

[주제 A]와 [주제 B]를 비교해주세요.

[주제 A]와 [주제 B]의 유사점과 차이점은 무엇인가요?

[주제 A]와 [주제 B]는 어떻게 다른가요?

프롬프트 #536

[주제 A]와 [주제 B]를 나란히 비교해주세요.

프롬프트 #537

[주제 A]와 [주제 B]를 구별하는 것은 무엇인가요?

프롬프트 #538

[주제 A]와 [주제 B] 사이의 주요 차이점을 강조해주세요.

프롬프트 #539

[주제 A]와 [주제 B]의 주요 비교 포인트는 무엇인가요?

프롬프트 #540

[주제 A]는 [주제 B]와 어떻게 비교되나요?

프롬프트 #541

[주제 A]와 [주제 B]의 비교하고 분석해주세요.

챗GPT 모델에게 두 번째 주제를 제공하도록 요청할 수도 있습니다.

프롬프트 #542

[주제]를 관련된 다른 주제와 비교해주세요.

[주제]는 비슷한 개념과 어떻게 비교되나요?

[주제]와 가장 비슷한 다른 주제는 무엇인가요?

[주제]와 관련된 아이디어를 비교하여 설명해주세요.

[주제]와 가장 대조적인 주제는 무엇인가요?

[주제]를 대조적인 아이디어와 비교해주세요.

[주제]와 반대되는 개념은 무엇인가요?

[주제]와 그 반대의 주제를 비교하여 설명해주세요.

[주제 A]는 [주제 B]와 어떻게 비교되나요?

[주제]를 상호 보완적인 아이디어와 비교해주세요.

역사적 사건을 분석하는 프롬프트

역사적 사건과 시기를 분석할 때 챗GPT의 도움을 받을 수 있습니다. 이때 맥락을 제공하면 더 좋은 답변을 얻을 수 있습니다.

다음과 같이 19세기에 쓰여진 글이 주어졌을 때, 현대인들이 이해하기 쉽고 흥미롭게 읽을 수 있도록 개선하는 방법을 제안해주세요.
[글]

20세기의 가장 중요한 사건이 무엇이고, 그 사건을 간결하면서도 포괄적인 방식으로 요약하는 방법을 알 수 있을까요?

르네상스 시대에 쓰인 다음 글을 분석하고, 21세기 독자가 더 쉽게 접근할 수 있도록 하는 방법을 제안해주세요.
[글]

18세기와 19세기의 문화적 가치의 주요 차이점은 무엇이며, 이를 제가 작성한 역사 소설을 개선하는 데 어떻게 활용할 수 있을까요?

20세기의 가장 중요한 발명품 및 발견 목록을 작성하고, 각각이 사회에 어떤 영향을 미쳤는지 알려주세요.

19세기의 가장 중요한 역사적 사건이 무엇이고, 이 사건을 활용하여 제 역사 연구 논문을 흥미롭게 만들 수 있는 방법을 알려주세요.

17세기에 쓰여진 글에서 발췌한 다음 문장을 현대 독자가 이해하기 쉽도록 표현을 바꿔주세요.

   [문장]

18세기의 가장 중요한 문화적, 정치적, 사회적 사건은 무엇이며, 이러한 사건과 관련된 지식을 제 역사 소설에 반영할 수 있는 방법을 알려주세요.

다음과 같은 20세기의 역사적 연설을 현대인들이 이해하기 쉽고 흥미롭게 느끼도록 만드는 방법을 제안해주세요.

   [글]

19세기의 가장 중요한 기술적 발전은 무엇이며, 이를 토대로 제 과학 소설을 더 현실적으로 만드는 방법을 알려주세요.

역사적 사건들을 비교하는 프롬프트

역사적 사건, 사실, 정보를 비교할 때도 모델의 도움을 받을 수 있습니다.

프롬프트 #562

[역사적 시기] 동안 [항목 A]와 [항목 B]의 차이점과 유사점은 무엇인가요?

프롬프트 #563

[역사적 시기]의 [항목 A]와 [역사적 시기]의 [항목 B]를 비교하고 분석해주세요.

프롬프트 #564

[역사적 시기]의 [항목 A]와 [역사적 시기]의 [항목 B]를 비교해주세요.

프롬프트 #565

[역사적 시기] 동안 [항목 A]는 [항목 B]와 어떤 점이 다르고, 어떤 점이 비슷한가요?

프롬프트 #566

[역사적 시기]의 [항목 A]와 [역사적 시기]의 [항목 B]를 구별하는 것은 무엇인가요?

프롬프트 #567

[역사적 시기]에 [항목 A]와 [항목 B]의 대조적인 측면과 상호 보완적인 측면은 각각 무엇인가요?

[역사적 시기]에 [항목 A]와 [항목 B]의 유사점과 차이점을 어떻게 설명할 수 있나요?

[역사적 시기]의 [항목 A]와 [역사적 시기]의 [항목 B]를 비교 및 대조해주세요.

[역사적 시기] 동안 [항목 A]와 [항목 B]를 구분 짓는 차이점은 무엇이고, 공통적으로 가지고 있는 것은 무엇인가요?

[역사적 시기]에서 [항목 A]와 [항목 B]는 어떻게 다르고, 어떻게 비슷한가요?

응답 개선에 유용한 '컴백'

응답 개선 프롬프트 또는 개선 지시문은 '응답 개선^{refining a response}'이라고도 불리며, 챗GPT의 응답을 개선하고 향상시키는 프로세스입니다.

모델이 제공한 불분명한 응답을 명확하게 해달라고 요청하거나, 구체화 또는 확장하도록 요청할 수 있으며, 더 정확하고 목적에 맞는 결과를 제공하도록 지시할 수도 있습니다.

최근에는 '컴백^{comeback}'이라는 용어가 이러한 프롬프트 엔지니어링 과정을 설명하는 공식 용어처럼 사용되고 있습니다. 다음은 몇 가지 일반적인 예시입니다.

답변을 더 명확하게 설명해주세요.

더 구체적인 답변을 들을 수 있을까요?

이전 응답에 대해 좀 더 설명해주세요.

더 정확한 답변을 제공해주세요.

더 상세한 설명을 들을 수 있을까요?

더 심도 있는 응답을 해주세요.

더 나은 설명을 해주세요.

답변을 좀 더 명료하게 해주세요.

답변한 것에 대해 좀 더 명확하게 설명해주세요.

질문에 대해 더 명확한 답변을 제공해주세요.

응답에 대한 좀 더 명확한 정보를 제공해주세요.

응답을 개선해주세요.

응답을 이해하기 쉽게 만들어주세요.

응답을 좀 더 간결하게 만들어주세요.

응답을 단순화해주세요.

더 직설적인 답변을 제공해주세요.

프롬프트 #588

더 직접적인 응답을 해주세요.

프롬프트 #589

더 명확하고 간결한 응답을 해주세요.

프롬프트 #590

더 직접적인 답변을 제공해주세요.

프롬프트 #591

더 집중해서 답변해주세요.

프롬프트 #592

더 참신하고 흔하지 않은 결과를 제안해주세요.

프롬프트 #593

이것을 표로 작성해주세요.

프롬프트 #594

더 비공식적(또는 공식적)으로 만들어주세요.

프롬프트 #595

5살짜리 아이에게 설명하는 것처럼 설명해주세요.

이것을 블로그 게시글로 서술하고 독자가 이해하기 쉽게 목록으로 만들어주세요.

이것을 일상적인 언어로 재작성하고 유머를 추가해주세요.

응답 개선을 위한 추가적인 '컴백'을 사용한 프롬프트 예시입니다.

답변을 좀 더 단순화해주세요.

더 간단한 용어로 설명해주세요.

설명을 좀 더 쉽게 단계별로 알려주세요.

5살짜리 아이에게 설명한다고 생각하고 설명해주세요.

이해하기 어렵습니다. 더 직설적인 답변을 들을 수 있을까요?

한 문장으로 설명해주세요.

초보자가 이해하기 쉽게 설명해주세요.

일상적인 언어로 설명해주세요.

비전문가도 이해할 수 있는 방식으로 설명해주세요.

명확하고 간결한 답변을 제공해주세요.

더 간단한 설명이 필요합니다. 제공해주시겠어요?

답변을 이해하기 쉽게 다시 작성해주세요.

단계별 설명을 제공해주세요.

다른 방식으로 설명해주세요.

답변을 설명하는 데 도움이 되는 예시를 제공해주세요.

시각 자료나 그래픽 자료를 사용하여 설명해주세요.

답변의 요점을 설명해주세요.

답변을 요약해줄 수 있나요?

간단한 설명을 제공해주세요.

정확성을 유지하면서 간단하게 설명해줄 수 있나요?

응답 스타일 변경하기

다음은 응답의 어조 또는 스타일을 변경하는 데 사용할 수 있는 프롬프트 10가지 예시입니다.

프롬프트 #618

응답을 대화 형식으로 다시 작성해주세요.

프롬프트 #619

응답을 친절하게 만들어주세요.

프롬프트 #620

비즈니스 고객을 대상으로 하는 전문적인 답변을 작성해주세요.

프롬프트 #621

응답을 6세 아동이 이해할 수 있도록 만들어주세요.

프롬프트 #622

더 친근하고 공감할 수 있는 응답으로 다시 작성해주세요.

프롬프트 #623

더 공식적인 응답으로 작성해주세요.

프롬프트 #624

사전 지식이 없는 사람도 이해할 수 있도록 답변을 간단하게 설명해주세요.

응답을 더 활기차고 밝게 작성해주세요.

응답이 진지하고 권위 있게 느껴지도록 다시 작성해주세요.

응답의 어조를 설득력 있게 변경할 수 있나요?

앞선 예시는 응답의 어조 또는 스타일을 변경하기 위해 사용할 수 있는 몇 가지 프롬프트입니다. 어조 또는 스타일은 요청의 맥락과 목표에 따라 달라지겠지만 이러한 예시 프롬프트를 토대로 만들고 싶은 프롬프트를 작성해보세요.

유명 인사 스타일로 응답 변경하기

다음은 유명한 연설가 또는 작가의 스타일로 응답을 요청하는 10가지 프롬프트 입니다.

마틴 루터 킹 주니어의 스타일로 응답을 작성해주세요.

윈스턴 처칠이 전달한 것처럼 응답을 작성할 수 있나요?

버락 오바마의 스타일로 응답을 다시 작성해주세요.

넬슨 만델라가 말한 것처럼 응답을 작성해주세요.

응답이 셰익스피어가 쓴 것처럼 보이게 할 수 있나요?

아브라함 링컨의 스타일로 응답을 작성해주세요.

응답이 제인 오스틴이 쓴 것처럼 보이게 만들어주세요.

테디 루스벨트의 스타일로 응답을 다시 작성해주세요.

프랭클린 루스벨트가 전달한 것처럼 응답을 작성해주세요.

응답이 마크 트웨인이 쓴 것처럼 보이게 할 수 있나요?

이러한 프롬프트를 사용해 챗GPT의 응답을 유명한 연설가, 작가 등 특정 인물의 고유한 어조 또는 스타일로 변경할 수 있습니다. 이를 통해 응답에 추가적인 의미나 영향력을 불어넣을 수 있으며, 맥락과 의도된 대상에 따라 다르게 접근할 수 있습니다.

가상 캐릭터 스타일로 응답 변경하기

다음은 가상 캐릭터의 스타일로 응답을 요청하는 10가지 프롬프트로, 이상하거나 재미있는 것들도 포함되어 있습니다.

프롬프트 #638

스폰지밥[52]이 말한 것처럼 응답을 작성해주세요.

프롬프트 #639

그린치[53] 스타일로 응답을 다시 작성할 수 있나요?

프롬프트 #640

요다[54]가 전달한 것처럼 응답을 작성해주세요.

프롬프트 #641

다스 베이더[55]가 쓴 것처럼 응답을 만들어주세요.

---

52 옮긴이_해저 세계에 사는 가상의 해면 동물이 주인공인 인기 애니메이션입니다.
53 옮긴이_가상의 크리스마스 악당으로, 크리스마스를 무너뜨리려는 초록색 동물이자 주인공입니다.
54 옮긴이_영화 〈스타워즈〉 시리즈에 등장하는 힘과 지혜를 가진 강력한 마스터이자 멘토입니다.
55 옮긴이_영화 〈스타워즈〉 시리즈의 주요 악역입니다.

벅스 버니[56] 스타일로 응답을 작성해주세요.

응답을 골룸[57]이 쓴 것처럼 보이게 할 수 있나요?

스폰지밥의 절친인 뚱이 스타일로 응답을 다시 작성해주세요.

바트 심슨[58]이 전달한 것처럼 응답을 작성해주세요.

응답이 조커[59]가 쓴 것처럼 보이게 만들어주세요.

릭 앤 모티[60]의 릭 스타일로 응답을 작성해주세요.

이러한 프롬프트를 사용하면 응답을 가상 캐릭터의 스타일로 바꿀 수 있습니다. 이는 이전 응답의 어조나 스타일을 바꾸는 재미있고 창의적인 방법입니다. 캐릭

---

56 옮긴이_만화 〈루니 툰〉에 등장하는 기발하고 영리한 토끼 캐릭터입니다.
57 옮긴이_〈반지의 제왕〉 소설과 영화에 등장하는 캐릭터입니다.
58 옮긴이_〈심슨 가족〉이라는 인기 애니메이션의 주인공입니다.
59 옮긴이_DC 코믹스의 〈배트맨〉 시리즈에서 가장 유명한 악당입니다.
60 옮긴이_어른들을 대상으로 한 애니메이션 시리즈입니다.

터의 스타일로 작성된 응답의 경우 선택한 캐릭터에 따라 가볍고 유쾌할 수도 있지만 터무니없어질 수도 있습니다.

몬티 파이썬 인물 스타일로 응답 변경하기

필자가 가장 좋아하는 응답 스타일입니다. 다음은 몬티 파이썬^{Monty Python}[61]이 창작한 인물 스타일로 응답을 요청하는 프롬프트입니다.

프롬프트 #648

몬티 파이썬의 스페인 재판소에서 말한 것처럼 응답을 작성해주세요.

프롬프트 #649

몬티 파이썬에서 존 클리즈가 맡은 역할인 '란슬롯 경' 스타일로 응답을 다시 작성할 수 있나요?

프롬프트 #650

몬티 파이썬에서 마이클 페일린이 맡은 역할인 '미스터 프랄린'이 전달한 것처럼 응답을 작성해주세요.

프롬프트 #651

몬티 파이썬에서 테리 길리엄이 맡은 역할인 '죽음의 천사'가 쓴 것처럼 응답을 작성해주세요.

---

61 옮긴이_영국의 전설적인 코미디 그룹으로, TV 시리즈와 영화에 출연하였습니다.

몬티 파이썬에서 에릭 아이들이 맡은 역할인 '게으른 시골 남자' 스타일로 응답을 작성해주세요.

몬티 파이썬에서 그레이엄 채프먼이 맡은 역할인 '아서 왕'이 쓴 것처럼 응답을 작성해주세요.

몬티 파이썬에서 에릭 아이들이 맡은 역할인 '윙크 윙크'와 '너지 너지'가 대화하는 것처럼 응답을 작성해주세요.

다음 프롬프트에는 몬티 파이썬의 영화 〈라이프 오브 브라이언〉의 일부 인물들도 등장합니다.

몬티 파이썬에서 존 클리즈가 맡은 역할인 '센투리온'이 말한 것처럼 응답을 작성해주세요. 이때 센투리온이 로마 군인임을 참고해주세요.

몬티 파이썬에서 그레이엄 채프먼이 맡은 역할인 '브라이언 코헨' 스타일로 응답을 다시 작성할 수 있나요?

몬티 파이썬에서 테리 존스가 맡은 역할인 '레그'가 전달한 것처럼 응답을 작성해주세요. 유대 인민 전선[62]에 대한 내용을 포함해주세요.

몬티 파이썬에서 테리 길리엄이 맡은 역할인 '빅 노즈'가 쓴 것처럼 응답을 작성해주세요.

몬티 파이썬에서 에릭 아이들이 맡은 역할인 '스타티스 보란스' 스타일로 응답을 작성해주세요.

이 프롬프트들은 몬티 파이썬이 창작한 인물 스타일로 응답을 요청합니다. 따라서 응답은 기발할 수도, 이상할 수도, 유머러스할 수도 있습니다. 몬티 파이썬의 팬이 아니라면 이해하기 어려울 수도 있지만요.

상반된 관점과 정반대 관점

종종 챗GPT를 사용할 때 챗GPT가 제공한 정보와 상반되거나 정반대의 관점을 요청하고 싶을 수 있습니다. 이제부터는 '상반된 contrary 관점[63]'과 '정반대 opposite 관점[64]'을 요청하는 방법을 각각 살펴보겠습니다.

이러한 유형의 프롬프트는 주제에 관해 새롭거나 다양한 이해를 얻고자 할 때, 자신의 생각이나 믿음을 재검토하고자 할 때 도움이 됩니다. 또한 여러 각도에서 사물을 바라보고 사고를 확장하는 데 도움이 됩니다.

---

62 옮긴이_영어로는 People's Front of Judea이며, 몬티 파이썬의 영화에서 등장하는 가상의 반란 조직입니다.
63 옮긴이_기존 정보나 주장에 반대되지만 반드시 정반대의 입장을 취하지는 않습니다.
64 옮긴이_기존 정보나 주장의 반대편에 위치하여 완전히 반대되는 입장을 취합니다.

상반된 관점

상반된 관점을 요청할 때는 명확하고 구체적인 정보와 함께 제약 조건이나 한계를 제공해야 합니다. 이렇게 하면 챗GPT가 요청을 이해하고 정확한 응답을 제공할 수 있습니다. 다음은 챗GPT에게 상반된 관점을 요청하는 몇 가지 프롬프트 템플릿입니다.

프롬프트 #660

이 문제에 대한 다른 견해를 제시해줄 수 있나요?

프롬프트 #661

이 아이디어에 반대할 수 있나요?

프롬프트 #662

이 주제에 대한 상반된 관점은 무엇인가요?

프롬프트 #663

이 입장에 대한 반론을 제시해줄 수 있나요?

프롬프트 #664

이 관점에 반대하는 이유는 무엇인가요?

프롬프트 #665

이 정보에 대한 다른 해석을 제시해줄 수 있나요?

이 문제에 대한 상반된 관점은 무엇인가요?

이 관점에 도전할 수 있나요?

이 논쟁에 대해 이의를 제기해보세요.

이 주제에 대한 대조적인 관점을 제공해줄 수 있나요?

이 문제에 대한 상반된 관점을 제공해줄 수 있나요?

상반된 관점을 요청하는 것은 주제에 관한 이해를 넓히는 데 도움이 될 뿐만 아니라 아이디어나 제안의 잠재적인 약점이나 한계를 파악하는 데도 도움이 됩니다.

정반대 관점

다음은 챗GPT에게 정반대 관점을 요청하는 몇 가지 프롬프트 템플릿입니다.

이 문제에 대한 정반대 관점을 제시해줄 수 있나요?

이 이론에 대한 정반대 주장은 무엇일까요?

이 제안에 대한 반박을 제시해줄 수 있나요?

이 접근법의 잠재적인 단점이나 문제점은 무엇인가요?

이 상황에 대한 대안적인 관점을 제시해줄 수 있나요?

이 정보에 대한 정반대 해석은 무엇인가요?

이 논쟁에 대한 정반대 관점을 제공해줄 수 있나요?

이 주제에 대한 정반대 입장은 무엇인가요?

이 문제에 대한 정반대 입장을 제시해줄 수 있나요?

이 주제에 대한 정반대 관점은 무엇인가요?

이 아이디어에 대한 정반대 관점을 제공해줄 수 있나요?

이 논쟁에 대한 정반대 입장은 무엇인가요?

이 입장에 대한 정반대 주장을 제시해줄 수 있나요?

이 정보에 대한 정반대 해석은 무엇인가요?

다음 장에서는 챗GPT의 고유한 기능인 역할 전환에 관해 살펴보겠습니다. 모델은 인터뷰어interviewer 역할을 맡아 사용자에게 질문하고 대화를 유도할 수 있도록 합니다.

39장 역할 전환

지금까지는 일반적으로 사용자가 질문을 하면 모델이 응답을 제공하는 형태로 챗GPT 모델을 사용했습니다. 이 장에서는 '역할 전환role reversal'이라는 챗GPT의 강력한 기법을 살펴볼 것입니다. 여기에는 주어진 주제에 대해 모델에게 질문을 하도록 지시하여 주제에 대해 깊이 있고 비판적으로 생각할 수 있도록 하는 것이 포함됩니다.

이 기법은 모델이 대화를 주도하고, 특정 주제 또는 방법에 관한 더 깊은 관점과 인사이트를 제공합니다. 따라서 역할 전환 기법을 통해 새롭고 독특한 방식으로 챗GPT와 대화할 수 있습니다.

새로운 주제를 탐구하거나 익숙한 주제에 대한 생각을 다듬을 때, 챗GPT의 역할 전환은 지식을 확장하는 데 큰 도움이 됩니다. 다음은 기본적인 프롬프트 공식입니다.

> 프롬프트 #685
>
> 당신은 [주제] 분야의 전문가입니다. 당신은 수년 동안 [청년/노년] 사람들이 [결과]를 이루는 데 도움을 주었습니다. [주제]와 관련된 최고의 조언을 제공하는 것이 당신의 역할입니다. 항상 답변하기 전에 질문자가 원하는 것을 정확하게 파악하기 위해 질문을 해야 합니다. 이해했나요?

다음은 프롬프트 예시입니다.

당신은 마케팅 캠페인 분야의 전문가입니다. 당신은 21년 동안 소규모 스타트업부터 대형 기업에 이르기까지 사업체의 매출을 증가시키고 브랜드 인지도를 개선하는 데 도움을 주었습니다. 마케팅 캠페인과 관련된 최고의 조언을 제공하는 것이 당신의 역할입니다. 항상 답변하기 전에 질문자가 원하는 것을 정확하게 파악하기 위해 질문을 해야 합니다. 이해했나요?

챗GPT가 인터뷰어 역할을 할 때 추가적인 맥락을 제공하는 것이 중요한 이유는 모델이 논의 중인 주제와 질문의 맥락을 이해하는 데 도움이 되기 때문입니다. 이러한 정보를 통해 챗GPT는 관련성이 높고 정확한 응답을 생성하여 원활하고 생산적인 대화가 가능해집니다.

[스타일/격식]을 가진 인터뷰어 스타일로 [주제]에 관한 [숫자]개의 질문을 제공해주세요.

예를 들어 토론의 주제가 '건강과 웰빙'인 경우, 다음과 같은 프롬프트를 사용할 수 있습니다.

친근한 말투를 가진 인터뷰어 스타일로 건강과 웰빙에 관한 10개의 질문을 제공해주세요.

역할 전환, 한 번에 하나씩 질문하기

역할 전환 모드를 사용하여 챗GPT 모델에게 한 번에 하나씩 질문을 하도록 하면 훨씬 더 효과적이고 유용해집니다. 이 방식은 각 질문에 대해 충분히 고려하고 답변할 기회를 제공합니다. 또한 실제 대화나 인터뷰를 모방하기 때문에 사용자와 모델 간의 자연스러운 대화가 가능해집니다.

한 번에 하나씩 질문에 답하면서 모델은 깊이 있는 답변을 제공할 수 있는 충분한 시간을 가질 수 있습니다. 게다가 이 방식을 사용하면 모델이 사용자의 응답을 바탕으로 후속 질문을 할 수 있으므로 주제에 대해 더 깊이 이해하고 탐구할 수 있습니다. 역할 전환을 사용하는 방법은 간단합니다.

> **프롬프트 #689**
>
> 질문의 이유를 포함하여 한 번에 한 가지 질문만 하고, 다음 질문을 하기 전에 제 답변을 기다려주세요. 이해했나요?

챗GPT에게 한 번에 하나의 질문만 하고 답변을 기다린 후에 다음 질문을 하도록 지시하면 대화가 훨씬 더 관리하기 쉽고 구조화됩니다.

또한 각 질문의 이유와 배경을 설명하도록 요구하면 특정 질문이 왜 제기되었는지 더 잘 이해할 수 있으므로 응답의 맥락을 파악하고 전반적인 응답 품질을 개선할 수 있습니다.

다음은 이 방식을 사용하는 몇 가지 프롬프트 예시입니다.

> **프롬프트 #690**
>
> 당신은 [주제] 분야의 코치이자 멘토입니다. 사람들이 이 분야를 이해하고 개선시키는 데 도움을 주는 것이 당신의 역할이며, 인사이트를 얻고 개개인에 최적화된 조언을 제공하기 위해서는 적절한 질문을 해야 합니다. 질문의 이유를 포함하여 한 번에 하나씩 질문하고, 다음 질문을 하기 전에 제 답변을 기다려주세요. 이해했나요?

프롬프트 #691

당신은 [주제] 분야의 컨설턴트입니다. 사람들을 지도하고 조언을 제공하는 것이 당신의 역할입니다. 이를 효과적으로 수행하려면 적절한 질문을 해야 합니다. 질문의 이유를 포함하여 한 번에 하나씩 질문하고, 다음 질문을 하기 전에 제 답변을 기다려주세요. 이해했나요?

프롬프트 #692

당신은 [주제] 전문 치료사입니다. 사람들이 도전을 극복하고 개선하는 데 도움을 주는 것이 당신의 역할입니다. 사람들의 요구 사항을 이해하고 상담을 제공하기 위해서는 적절한 질문을 해야 합니다. 질문의 이유를 포함하여 한 번에 하나씩 질문하고, 다음 질문을 하기 전에 제 답변을 기다려주세요. 이해했나요?

프롬프트 #693

당신은 [주제] 분야의 조언자입니다. 분야에 대한 지식과 도움이 되는 조언을 제공하는 것이 당신의 역할입니다. 이를 위해 문제의 본질을 파악하기 위한 질문을 해야 합니다. 질문의 이유를 포함하여 한 번에 하나씩 질문하고, 다음 질문을 하기 전에 제 답변을 기다려주세요. 이해했나요?

프롬프트 #694

당신은 [주제] 전문가입니다. 사람들이 정보를 이해하고 현명한 결정을 내릴 수 있도록 돕는 것이 당신의 역할입니다. 이를 위해서는 명확한 그림을 얻기 위한 질문을 해야 합니다. 질문의 이유를 포함하여 한 번에 하나씩 질문하고, 다음 질문을 하기 전에 제 답변을 기다려주세요. 이해했나요?

다음은 챗GPT의 응답 예시입니다.

이해했습니다. 한 번에 하나씩 질문하고, 답변을 듣기 전에 다음 질문을 하지 않겠습니다.

1. 마케팅 캠페인에서 주로 홍보하려는 제품이나 서비스는 무엇입니까?

이 질문은 마케팅 캠페인의 초점인 제품이나 서비스에 관한 정보를 수집하는 것입니다. 이 정보를 통해 캠페인의 목표와 타깃 고객을 이해할 수 있습니다. 또한 제품이나 서비스를 더 효과적으로 홍보하는 전략을 제안하고 조언을 더 잘 맞춤화할 수 있습니다.

역할 전환 – UFO 헌터

다음은 챗GPT가 UFO 헌터 역할을 맡았을 때, 전체 대화가 어떻게 진행되는지를 보여주는 재미있는 예시입니다.

사용자: 역할 전환을 해서 UFO 또는 UAP[65] 헌터로서 저에게 질문을 해주세요. 질문의 이유를 포함하여 한 번에 하나씩 질문하고, 다음 질문을 하기 전에 제 답변을 기다려주세요. 이해했나요?

챗GPT: 알겠습니다. 시작해볼까요? UFO 또는 UAP 헌터로서 직접 목격하거나 겪은 이상한 빛이나 현상이 있습니까?

사용자: 네, 설명할 수 없는 이상한 빛을 하늘에서 몇 번 봤습니다.

챗GPT: 좋습니다. 그 빛들에 대해 자세히 관찰한 내용과 그것들의 움직임을 설명해줄 수 있나요?

사용자: 그 빛들은 이상한 패턴으로 움직였고, 제가 본 어떤 항공기보다 훨씬 빠르게 움직였습니다.

챗GPT: 재미있네요. 그 빛들을 사진이나 동영상으로 찍었습니까?

사용자: 네, 휴대폰으로 사진을 찍었지만 흐릿하게 나와서 사용할 수 없었습니다.

챗GPT: 알겠습니다. 정부 기관이나 UFO 조직에 목격 사실을 보고한 적이 있나요?

---

65 옮긴이_Unidentified Aerial Phenomenon의 약자로, UFO(Unidentified Flying Object)는 단순히 미확인 비행체를 의미하는 반면 UAP는 물리적으로는 존재하지만 아직 설명되지 못한 현상을 의미하는 용어입니다.

사용자: 아니요, 없습니다. 제 이야기를 누군가가 진지하게 받아들일지 몰라서요.

챗GPT: 이해할 수 있습니다. 하지만 이런 목격 사례를 보고하여 추가 조사와 분석이 이루어지는 것이 중요합니다. 앞으로 목격 사실을 보고할 생각이 있나요?

사용자: 네, 그렇게 할 것 같습니다. 제안해주셔서 감사합니다.

챗GPT: 천만에요. 목격자의 이야기를 듣고 하늘의 미스터리에 관한 정보를 더 모으는 것은 항상 즐거운 일입니다. 그런데, 혹시 외계인에게 납치당한 적이 있을까요… (생략)

40장 챗GPT와 함께 한 걸음 더 나아가기

지금까지 이 책을 통해 챗GPT의 세계와 놀라운 기능들을 깊이 파헤쳤습니다.

비즈니스 관점에서는 다양한 산업의 핵심 문제 또는 도전 과제 그리고 그 문제를 해결하기 위한 핵심 역할과 방법들을 살펴보았습니다.

개인적 관점에서는 자기 계발, 창의적 글쓰기, 작업 관리, 참조 모델, 방법론, 인터프리터에 관한 정보와 도움을 받을 수 있는 프롬프트 예시들을 살펴보았습니다.

그리고 어떤 관점에도 적용할 수 있는 '다기능^{utility}' 프롬프트도 알아보았습니다. 우리는 페르소나와 롤플레이, 콘텐츠나 아이디어의 분석 및 개선, 제약 조건 적용, 목록 탐색, 단계별 지침, 모델의 응답 개선, 심지어는 챗GPT가 질문을 하는 역할 전환과 같은 강력한 기술에 관해서도 이야기했습니다.

책 전체에 걸쳐 우리는 이해하기 쉬운 점진적인 방식으로 정보를 구성하여, 여러분이 관심 있는 분야와 관련된 필요한 정보를 빠르게 찾을 수 있었습니다.

앞으로도 여러분은 챗GPT를 사용하면서 새로운 방법과 창의적인 아이디어를 발견하게 될 것입니다. 이를 통해 개인적인 목표를 달성하거나 직장에서 더 나은 성과를 이룰 수 있습니다. 이 기술은 끊임없이 발전하고 있으며 가까운 미래에는 더 많은 기능과 응용 분야가 개발될 것입니다.

따라서 업데이트를 자주 확인하고, 새로운 사용 사례와 최신 정보를 찾아보기를 권합니다. 또한 챗GPT 커뮤니티와 정보를 교환하여 새로운 방법을 학습해 나가기를 추천합니다. 챗GPT를 최대한 활용하면 분명 일상과 업무에 긍정적인 변화를 가져올 수 있을 것입니다.

무엇보다 챗GPT를 사용하면서 즐거운 시간을 보내고 많은 실험을 해보면 좋습니다. 아마 다양한 분야에서 챗GPT를 사용해 놀라운 결과를 얻을 수 있을 것입니다.

필자의 목표는 챗GPT가 할 수 있는 놀라운 모든 일과 더불어 여러분의 개인적 삶과 직업적 삶에 챗GPT가 어떤 도움이 될 수 있는지 종합적인 이해를 제공하는 것이었습니다.

이 책이 여러분에게 도움이 되고 유익한 정보가 되었기를 바라며, 챗GPT를 사용하여 목표를 달성하는 데 자신감이 생겼기를 바랍니다. 필자는 앞으로도 챗GPT의 가능성을 계속 탐구하면서 더 많은 자료와 지침을 제공할 계획입니다. 그러니 여러분은 챗GPT 기능을 더욱 연마하세요!

무료 참고 자료 및 프롬프트

챗GPT의 환경은 끊임없이 진화하고 있으며, 이 기술을 최대한 활용할 수 있도록 도와주는 수많은 무료 자료가 산더미처럼 존재합니다. 안타깝게도 일부 사람들은 이러한 '무료' 자료를 패키지로 만들어 판매하려고 합니다.

이 부록은 전체 목록은 아니지만 필자의 책을 선택한 여러분에 대한 감사의 표시이며, 무료로 제공되는 자료의 일부입니다. 이것은 빙산의 일각에 불과하며 여기에서 여러분에게 도움이 될 만한 것을 찾을 수 있으리라 확신합니다.

인터넷에는 풍부한 무료 자료가 존재합니다. 이 중 일부를 여러분과 공유할 수 있어 감사하게 생각합니다. 다음 자료들은 챗GPT를 사용하는 창의적인 방법을 계속 탐구하고 효과적인 프롬프트를 작성하는 능력을 갈고 닦는 데 도움이 될 것입니다.

- FutureTools: *https://www.futuretools.io/?search=chatgpt*
- 굉장한 챗GPT 프롬프트: *https://github.com/f/awesome-chatgpt-prompts*
- OpenAI GPT API 레퍼런스: *https://beta.openai.com/docs/*
- 허깅페이스 트랜스포머: *https://huggingface.co/transformers/*
- AI 던전: *https://play.aidungeon.io/*
- Reddit AI Subreddit: *https://www.reddit.com/r/artificial/*
- GPT-3 샌드박스: *https://gpt3sandbox.com/*
- OpenAI API 예제: *https://beta.openai.com/examples/*

- 데스크톱용 챗GPT: *https://github.com/vincelwt/chatgpt-mac*
- 챗GPT 트위터 봇: *https://github.com/transitive-bullshit/chatgpt-twitter-bot*

이러한 자료들이 여러분의 챗GPT 여정에 어떤 가치를 가져다줄지 평가할 때는 서두에서 이야기한 것처럼 '카베아트 엠프토르^caveat emptor', 즉 '신중하게 구매해야 합니다'라는 원칙을 염두에 두어야 합니다.

어떤 사람에게 효과적인 자료가 다른 사람에게는 효과가 없을 수 있으므로, 어떤 자료가 자신에게 도움이 될지 결정하는 것은 여러분의 몫입니다.

무료 프롬프트 치트시트

마지막으로, 여러 무료 소스에서 가져온 프롬프트들을 하나의 목록으로 만들었습니다. 이 프롬프트들은 오픈 소스이기 때문에 번호를 붙이지 않았습니다. 필자가 원작자는 아니지만 무료로 이용할 수 있습니다!

다음 프롬프트들은 챗GPT에 기여한 많은 사람들로부터 나온 자료이며(그분들의 공헌에 감사드립니다), 상당수는 다른 책에서도 소개되는 내용입니다.

여기에는 작성자에 관한 정보가 포함되어 있지 않지만 앞서 언급한 무료 자료 목록의 '굉장한 챗GPT 프롬프트[66]' 페이지를 방문하면 작성자와 다운로드 지침을 확인할 수 있습니다.

---

66 옮긴이_ *https://github.com/f/awesome-chatgpt-prompts*

당신은 마케터입니다. 제가 선택한 제품이나 서비스를 홍보하는 캠페인을 만드는 것이 당신의 역할입니다. 타깃 고객층을 선택하고, 핵심 메시지와 슬로건을 개발하며, 홍보를 위한 미디어 채널을 선택하고, 목표를 달성하기 위해 필요한 추가 활동을 결정해야 합니다.

첫 번째 요청입니다. 18-30세 청년들을 대상으로 한 새로운 종류의 에너지 드링크를 홍보하는 광고 캠페인을 만들어주세요.

당신은 스토리텔러입니다. 청중을 사로잡을 수 있는 흥미롭고 상상력을 자극하는 이야기를 만드는 것이 당신의 역할입니다. 장르에 상관없이 동화, 교육적인 이야기 또는 사람들의 관심과 상상력을 사로잡을 수 있는 이야기를 창작해주세요. 대상이 되는 청중에 따라 주제를 선택할 수 있습니다. 예를 들어 어린이라면 동물에 관한 이야기를, 성인이라면 역사를 기반으로 한 이야기가 더 흥미를 끌 수 있습니다.

첫 번째 요청입니다. 인내심에 관한 흥미로운 이야기를 만들어주세요.

당신은 AI 글쓰기 지도 교사입니다. 제가 글쓰기 실력을 향상시키고 싶은 학생의 상황을 제공하겠습니다. 자연어 처리와 같은 AI 도구를 사용하여 학생에게 글쓰기 실력을 개선할 수 있는 피드백을 제공하는 것이 당신의 역할입니다. 또한 효과적인 글쓰기 기법에 대한 수사학적 지식과 경험을 바탕으로 학생이 자신의 생각과 아이디어를 글로 더 잘 표현할 수 있는 방법을 제안해야 합니다.

첫 번째 요청입니다. 석사 논문 수정을 도와주세요.

당신은 스택오버플로 게시글의 답변자입니다. 프로그래밍 관련 질문을 하면 답변을 댓글로 제공하는 것이 당신의 역할입니다. 주어진 답변으로만 댓글을 작성하고, 상세한 설명이 부족한 경우에는 설명을 작성해주세요.

첫 질문입니다. How do I read the body of an http Request to a string in Golang[68]?[69]

당신은 미드저니 프로그램을 위한 프롬프트 생성기입니다. AI가 독특하고 흥미로운 이미지를 만들 수 있도록 자세하고 창의적인 묘사를 제공하는 것이 당신의 역할입니다. AI는 다양한 언어를 이해하고 추상적 개념을 해석할 수 있으므로 상상력을 바탕으로 자유롭게 묘사해주세요.

예를 들어 미래 도시의 한 장면이나 기묘한 생물들로 가득한 초현실적인 풍경을 묘사할 수 있습니다. 묘사가 더욱 상세하고 상상력이 풍부할수록 더욱 흥미로운 이미지가 생성됩니다. 예시 프롬프트는 다음과 같습니다.

눈앞의 들판에는 다양한 색상과 모양의 야생화들이 끝없이 펼쳐져 있습니다. 멀리서는 거대한 나무가 경치를 가릴 만큼 우뚝 솟아 있으며, 나무의 가지들은 촉수처럼 하늘을 향해 뻗어 있습니다.

---

67 옮긴이_개발자들이 프로그래밍 관련 질문을 공유하고 답변을 주고받으며 서로 도움을 주는 전문가 커뮤니티 웹 사이트입니다.
68 옮긴이_구글에서 개발한 범용 프로그래밍 언어입니다.
69 옮긴이_스택오버플로는 영어를 사용하는 커뮤니티이므로, 이 질문은 영어로 표기했습니다. 이 문장의 의미는 다음과 같습니다. 'Golang에서 HTTP 요청을 통해 바디의 내용을 문자열로 받아오려면 어떻게 해야 하나요?'
70 옮긴이_AI 기반 이미지 인식 및 생성 소프트웨어입니다.

예시: 인물 - 다스 베이더, 시리즈 - 스타워즈 등

[시리즈]의 [인물]처럼 행동해주세요. [인물]의 어조, 행동, 어휘를 사용하여 대답하고 설명은 작성하지 마세요. [인물]처럼만 대답하세요. 당신은 [인물]에 관한 모든 지식을 알고 있어야 합니다.

첫 번째 문장은 다음과 같습니다. 안녕하세요, [인물].

당신은 시나리오 작가입니다. 감동적이고 창의적인 시나리오를 개발하여 장편 영화 또는 웹 드라마를 만드는 것이 당신의 역할입니다. 흥미로운 캐릭터, 설정, 인물 간의 대화 등을 생각해내는 것부터 시작하세요. 캐릭터 개발이 완료되면 시청자가 끝까지 긴장감을 가질 수 있도록 반전에 반전을 거듭하는 흥미진진한 이야기를 만들어주세요.

첫 번째 요청입니다. 파리를 배경으로 한 로맨틱 드라마 장르의 영화 시나리오를 작성하고 싶습니다.

당신은 소설가입니다. 독자들을 오랫동안 사로잡을 수 있는 창의적이고 매혹적인 이야기를 만드는 것이 당신의 역할입니다. 판타지, 로맨스, 역사 소설 등 어떤 장르를 선택해도 상관없으며, 탁월한 줄거리, 매력적인 캐릭터, 예상치 못한 클라이맥스를 모두 갖춘 창의적이고 감동적인 이야기를 만들어주세요.

첫 번째 요청입니다. 미래를 배경으로 한 SF소설을 쓰고 싶습니다.

당신은 글의 제목을 작성하는 사람입니다. 제가 기사의 주제와 키워드를 알려주면 시선을 사로잡는 제목 5개를 만드는 것이 당신의 역할입니다. 제목은 20자 이내로 간결하게 작성하고 의미가 충분히 전달될 수 있도록 해주세요.

첫 번째 주제는 '모든 노트와 문서를 통합하여 쉽게 사용하고 공유할 수 있는 VuePress 기반의 지식 베이스인 LearnData'입니다.

교육 콘텐츠 제작자를 위한 프롬프트

당신은 교육 콘텐츠 제작자입니다. 교과서, 온라인 강의, 강의 노트와 같은 학습 자료를 위한 흥미진진하고 유익한 콘텐츠를 만드는 것이 당신의 역할입니다.

첫 번째 요청은 고등학생을 위한 재생 에너지원에 관한 교육 콘텐츠를 개발하는 것입니다.

에세이 작가를 위한 프롬프트

당신은 에세이 작가입니다. 주어진 주제를 연구해 논지를 구성하고, 적절한 논증과 정보를 담은 설득력 있는 글을 작성하는 것이 당신의 역할입니다.

첫 번째 요청은 환경 보호를 위해 플라스틱 쓰레기를 줄이는 것의 중요성에 관한 설득력 있는 논문을 작성하는 것입니다.

시간 여행 가이드를 위한 프롬프트

당신은 시간 여행 가이드입니다. 제가 방문하고 싶은 역사적 시기나 미래의 시간을 알려주면, 그 시대를 경험할 가장 좋은 이벤트, 장소, 인물을 추천하는 것이 당신의 역할입니다. 설명을 작성하지 말고 제안과 필요한 정보만 제공해주세요.

첫 번째 요청입니다. 르네상스 시대를 방문하고 싶습니다. 흥미로운 사건, 명소, 인물을 추천해주세요.

당신은 기자입니다. 속보 보도, 특집 기사 및 칼럼을 작성, 정보의 출처를 확인하는 조사 기법 개발, 기자 윤리 준수, 정확한 보도 제공이 당신의 역할입니다.

첫 번째 요청입니다. 세계 주요 도시의 대기 오염에 관한 기사를 작성하기 위해 도움이 필요합니다.

당신은 기술 문서 작성자입니다. 특정 소프트웨어에서 다양한 작업을 수행하는 방법에 관한 창의적이고 흥미로운 가이드를 작성하는 것이 당신의 역할입니다. 제가 앱 기능의 기본 단계를 제공하면, 그 기본 단계를 수행하는 방법에 관한 흥미로운 글을 작성해주세요. 스크린샷이 있어야 하는 부분에는 '(스크린샷)'이라고 표시해주세요.

앱 기능의 기본 단계는 다음과 같습니다.
1. 플랫폼에 따라 다운로드 버튼을 클릭합니다.
2. 파일을 설치합니다.
3. 더블 클릭하여 앱을 실행합니다.

당신은 IT 아키텍트입니다. 제가 애플리케이션이나 다른 디지털 제품의 기능에 관한 정보를 제공하면, IT 환경에 통합하는 방법을 제시하는 것이 당신의 역할입니다. 여기에는 비즈니스 요구 사항을 분석하고, 기능적 격차를 확인하며, 새로운 시스템의 기능을 기존 IT 환경에 매핑하는 것이 포함됩니다. 다음 단계는 솔루션 설계, 물리적 네트워크 설계, 시스템 통합을 위한 인터페이스 정의, 배포 환경 설계를 생성하는 것입니다.

첫 번째 요청입니다. CMS 시스템을 통합하기 위해 도움이 필요합니다.

당신은 IT 전문가입니다. 제가 기술 문제에 대한 모든 정보를 제공하면, 문제를 해결하는 것이 당신의 역할입니다. 컴퓨터과학, 네트워크 인프라, IT 보안 지식을 활용하여 문제를 해결해주세요. 지식 수준에 관계없이 모든 사람이 이해하기 쉬운 언어를 사용하여 해결책을 단계별로 설명하고 요점을 정리해주세요. 너무 많은 기술적 세부 사항은 자제하고 필요한 경우에만 작성해주세요. 또한 설명을 작성하지 말고 해결책을 제시해주세요.

첫 번째 문제입니다. 노트북에 블루스크린이 뜨며 오류가 발생합니다.

아이디어가 떠오르나요? 여러 가지 프롬프트를 참고해서 새로운 프롬프트를 생성해보세요!